Johannes Fischer

Medizin- und bioethische Perspektiven

T V Z

Johannes Fischer

Medizin- und bioethische Perspektiven

Beiträge zur Urteilsbildung im Bereich von
Medizin und Biologie

T V Z
Theologischer Verlag Zürich

Wir danken der Emil Brunner-Stiftung Zürich in Verbindung mit der evangelisch-reformierten Landeskirche des Kantons Zürich und der schweizerischen Akademie der Medizinischen Wissenschaften, die den Druck dieses Buchs mit Publikationsbeiträgen ermöglicht haben.

Die deutsche Bibliothek – CIP-Einheitsaufnahme

Fischer Johannes:
Medizin- und bioethische Perspektiven : Beiträge zur Urteilsbildung im Bereich von Medizin und Biologie / Johannes Fischer. - Zürich : Theol. Verl., 2002
   ISBN 3-290-17251-1

© 2002 Theologischer Verlag Zürich

Umschlaggestaltung: g : a gataric ackermann visuelle gestaltung www.gunda.ch
Druck: ROSCH BUCH GmbH Scheßlitz

Inhalt

Vorwort

Ethik gibt es, weil es moralische Fragen gibt, für die wir gerne Antworten hätten. Das jedenfalls ist eine verbreitete Auffassung von dieser Disziplin. Von der Ethik wird erwartet, dass sie uns Prinzipien und Kriterien an die Hand gibt, mit deren Hilfe sich unsere Fragen nach Möglichkeit beantworten lassen.[1]

Nun fallen moralische Fragen nicht vom Himmel. Sie stellen sich vielmehr innerhalb spezifischer Praxisfelder und lebensweltlicher Kontexte. Das gilt für diejenigen moralischen Fragen, mit denen sich die Angewandte Ethik befasst. Es gilt somit auch für die Medizinethik. Wo immer moralische Fragen in praktischen Kontexten auftreten, da tun sie dies vor dem Hintergrund bereits vorhandener Orientierungen, die eine Entscheidung oder Handlung allererst als moralisch fragwürdig erscheinen lassen. So sind Abtreibung oder aktive Sterbehilfe ein moralisches Problem auf dem Hintergrund des kulturell verwurzelten Tötungsverbots. Wenn nun aber das moralisch Fragwürdige seine Fragwürdigkeit von einem solchen Hintergrund vorhandener Orientierungen her bezieht, dann kann es nur geklärt und beantwortet werden, indem es mit Bezug auf diesen Hintergrund beantwortet wird. Das scheint trivial zu sein und hat doch eine eminent wichtige Implikation für das methodische Vorgehen der Angewandten Ethik. Bedeutet es doch, dass der erste und wichtigste methodische Schritt im genauen *Verstehen* liegt: Was ist es, das die moralische Irritation auslöst? Welche lebensweltlichen und praxisleitenden Orientierungen stehen im Hintergrund der moralischen Beunruhigung? Worin liegt deren möglicher orientierender Sinn, sei es *allgemein* im Hinblick auf die gemeinsam geteilte Lebenspraxis oder *konkret* im Hinblick auf das betreffende moralische Problem?

Gegenüber einer Auffassung, die mit Ethik primär die Aufgabe des *Begründens* assoziiert, ist es nützlich sich zu vergegenwärtigen, dass das

---

1 J. Nida-Rümelin: Theoretische und angewandte Ethik: Paradigmen, Begründungen, Bereiche, in: ders. (Hg.), Angewandte Ethik. Die Bereichsethiken und ihre theoretische Fundierung, 1996, 2-85, 3.

Verstehen der elementarere Vorgang ist. Bevor wir Gründe für oder gegen die Anwendung der Klontechnik auf den Menschen ins Feld führen können, müssen wir verstanden haben, welche sittlichen Orientierungen – wie z. B. das Instrumentalisierungsverbot – dadurch tangiert sind. Das heisst, wir müssen eine Gedankenverbindung herstellen zwischen möglichen Anwendungssituationen und vorhandenen sittlichen Orientierungen. Erst in der Verständigung über die Frage «*Warum* soll man...?» bzw. «*Warum* soll man nicht...?» nimmt dann diese Gedankenverbindung die Gestalt von *Gründen* pro oder contra an. Das Begründen setzt also das Verstehen voraus. In diesem Sinne lässt sich die Angewandte Ethik als eine hermeneutische Disziplin begreifen, welche um einen verstehenden Zugang zu auftretenden moralischen Problemen bemüht ist, dabei den Hintergrund praxisleitender Orientierungen erhellt und auf die betreffenden Probleme hin konkretisiert.

In diesem Punkt gehen freilich heute die Auffassungen auseinander. Die meisten Ethikerinnen und Ethiker, seien sie Philosophinnen oder Theologen, setzen Ethik und somit auch Angewandte Ethik mit *normativer Ethik* gleich. Normative Ethik sucht Antwort zu geben auf die Frage nach dem moralisch Richtigen und Falschen, oder sie sucht doch zumindest Wege aufzuzeigen, auf denen wir zu solchen Antworten gelangen können. Die Berufung auf gesellschaftlich vorhandene Orientierungen und Überzeugungen scheint dafür kein geeigneter Weg zu sein. Denn das blosse Faktum ihres Vorhandenseins besagt nichts über ihre normative Richtigkeit. Um diese aber geht es, wenn wir uns moralisch orientieren wollen. Der Rekurs auf vorhandene Orientierungen und Ethosgestalten erlaubt daher in dieser Sicht nur *hypothetische* Antworten auf moralische Fragen: *Wenn* man die Dinge aus der Perspektive dieser Orientierung oder Überzeugung betrachtet, *dann* ist dieses moralisch richtig, *wenn* aus der Perspektive jener Orientierung, *dann* jenes. Solche hypothetischen Antworten aber lassen uns ratlos im Hinblick auf die Frage, was denn nun tatsächlich, in einem absoluten Sinne, moralisch richtig ist. Eben darauf versucht die normative Ethik Antwort zu geben in Gestalt ethischer Theorien, die Prinzipien oder Kriterien bereitstellen, welche Antworten auf moralische Fragen ermöglichen.

Ich werde auf diesen Punkt an anderer Stelle in diesem Buch noch zurückkommen.[2] Dort wird es um den Nachweis gehen, dass auch eine hermeneutisch verfahrende Ethik, welche auf vorhandene Orientierungen und Ethosgestalten rekurriert, durchaus zu absoluten und nicht bloss hypothetischen Antworten auf moralische Fragen Anleitung geben kann.

Hier an dieser Stelle soll nur auf das Problem hingewiesen werden, das sich für die Angewandte Ethik aus deren Gleichsetzung mit normativer Ethik ergibt. Wie schon gesagt, haben die moralischen Fragen, mit denen die Angewandte Ethik es zu tun hat, ihren Ursprung nicht auf der Ebene von ethischen Theorien, sondern in konkreten Praxiszusammenhängen, wobei im Hintergrund bestimmte praxisleitende Orientierungen stehen. Eine Ethikauffassung, die diese Orientierungen systematisch ausklammert, kann zur Beantwortung dieser Fragen nichts beitragen. Um mit den von ihr angebotenen Problemlösungen etwas anfangen zu können, müssten wir uns zuerst auf den Boden der betreffenden ethischen Theorie stellen, damit aber gerade von den Kontexten, denen unsere moralischen Fragen entstammen, abstrahieren, und damit letztlich von diesen Fragen selbst.

Gewisse Kommunikationsprobleme zwischen Ethik-Experten einerseits und Praktikern andererseits dürften mit dieser Problematik zu tun haben. Sie hat zur Folge, dass die Praktiker häufig ihre eigenen Fragen und Probleme nicht wiedererkennen in der Art der Behandlung, die ihnen die professionelle Ethik angedeihen lässt. Das gilt in besonderem Masse für das Gebiet der medizinischen Ethik.[3] Die Folge sind Frustrationen und Projektionen auf beiden Seiten. Aus der Sicht der Praktiker macht die Ethik dann den Eindruck eines abgehobenen Expertendiskurses, der mehr mit seinen eigenen, internen Fragestellungen und Theorieproblemen beschäftigt ist, als dass er sich wirklich auf die Perspektive derer einlässt, die den moralischen Problemen in der Praxis konfrontiert sind. Aus der Sicht der Ethikexperten mag sich um-

---

[2] Vgl. den Beitrag ‹Bioethik in theologischer Perspektive› in diesem Buch 77ff.
[3] Vgl. dazu P. A. Komesaroff: From bioethics to microethics: ethical debate and clinical medicine, in: ders. (ed.), Troubled Bodies. Critical Perspectives on Postmodernism, Medical Ethics and the Body, Durham/London: Duke Univ. Pr. 1995, 62-86, 65ff.

gekehrt der Eindruck aufdrängen, es würden sich die Praktiker der Zumutung und dem hohen Anspruch ethischer Reflexivität, Rationalität und Distanznahme verweigern und befangen bleiben in bestimmten moralischen Positionen, die ihnen durch ihre jeweiligen Praxisfelder und sozialen Milieus nahegelegt werden. Doch wenn das Ziel der Angewandten Ethik wirklich in der Klärung von Fragen besteht, die ihren Ursprung nicht in philosophischen Fachdiskursen, sondern in gesellschaftlichen Lebens- und Praxiszusammenhängen haben, dann muss zunächst *verstanden* werden, welcher Art diese Fragen sind und welche Orientierungen dabei im Hintergrund stehen. Denn Fragen sind nur dann beantwortet, wenn sie für den beantwortet sind, der sie hat.

Diejenige Konzeption von Ethik, denen die Beiträge dieses Buchs verpflichtet sind, lässt sich am besten als *deskriptiv-hermeneutische Ethik* charakterisieren. Sie ist nicht deskriptiv-empirisch in dem Sinne, dass sie in gleichsam sozialwissenschaftlicher Einstellung vorhandene Orientierungen und Überzeugungen lediglich auflistet und beschreibt, sondern deskriptiv-hermeneutisch in dem Sinne, dass sie deren *orientierenden Sinn* herauszuarbeiten und ins Bewusstsein zu heben sucht sowie deren *moralische Implikationen* im Hinblick auf die Entscheidung kontroverser Fragen untersucht. Sie zielt also nicht auf Tatsachenwissen, sondern auf Orientierungswissen. Was sind die leitenden Orientierungen ärztlichen Handelns und welche Bedeutung kommt ihnen für eine reflektierte ärztliche Praxis zu? In diesem Sinne sind die folgenden Aufsätze und Referate durchgehend um einen verstehenden Zugang zu den behandelten medizinethischen Fragen bemüht.

Die Beiträge in diesem Buch entstanden teils im Zusammenhang mit der Tätigkeit des Verfassers in verschiedenen Kommissionen, teils aus anderen Anlässen. Sie alle wurden noch einmal durchgesehen, teilweise überarbeitet und ergänzt. Der erste Beitrag befasst sich mit den ethischen Implikationen der Arzt-Patienten-Beziehung. Er zeigt auf, dass dem ärztlichen Handeln ein bestimmtes Personverständnis eingeschrieben ist und dass sich von diesem her die eigentümliche Verschränkung von Tugendorientierung und Prinzipienorientierung erklärt, die für das ärztliche Ethos kennzeichnend ist. Der zweite Beitrag befasst sich mit den Bestrebungen zu einer Neuorientierung der Medizin. Er plädiert im Hinblick auf die aktuellen Reformdiskussionen für eine klare Unterscheidung zwischen Medizin und Gesundheitswesen und für einen Primat der Medizin als «Kunst» gegenüber der Medizin als Wissenschaft. Der dritte Beitrag befasst sich in grundsätzlicher Perspektive mit der Frage, auf welchem methodischen Weg man auf dem Gebiet der Bioethik zu moralischen Urteilen gelangt. Im Zentrum steht dabei die These, dass das moralische Urteil sich immer auf zwei Ebenen zugleich bewegt, nämlich auf der Ebene von Sätzen, die einen logischen Zusammenhang bilden, und auf der Ebene von Vorstellungen und Intuitionen. Moralische Urteilsbildung besteht demgemäss in der Herstellung eines reflektiven Gleichgewichts zwischen diesen beiden Ebenen. Das macht verständlich, warum moralische Diskurse eine Mixtur bilden aus logisch-deduktiven und aus narrativen Argumenten in Form von realen oder erfundenen Beispielgeschichten, die die Vorstellung und Intuition des Anderen anzusprechen und zu aktivieren suchen. Das gilt in exemplarischer Weise für Diskurse über medizinethische Fragen. Der vierte Beitrag geht der Frage nach, ob es eine spezifisch theologische Perspektive auf medizinethische Fragen gibt. Er ordnet dabei die theologische Ethik dem Typus der deskriptiven Ethik zu und grenzt sie vom üblichen Verständnis von Ethik als normative Ethik ab. Charakteristisch für die theologische Ethik ist dabei deren tugendethische Perspektive, die sich besonders darin manifestiert, dass nicht die Frage nach dem moralischen Status menschlichen Lebens im Zentrum bioethischen Fragens steht, sondern die Frage nach der Haltung oder dem ‹Geist›, von dem der Umgang mit menschlichem Leben bestimmt ist. Der fünfte Beitrag befasst sich mit den Schwierigkeiten im Verhältnis naturwissenschaftlicher Forschung und Ethik. Erstere ist vor allem an den naturwissenschaftlichen Risiken von Forschungen orientiert, letztere muss auch deren moralische Risiken reflektieren, welche einer naturwissenschaftlichen Betrachtungsweise eher fern liegen. Thema des sechsten Beitrags ist die ethische Problematik der Forschung an Embryonen und an embryonalen Stammzellen. Es handelt sich um einen Versuch, methodisch diejenigen Punkte zu markieren, die für eine Urteilsbildung in dieser Frage ausschlaggebend sind. Im Ergebnis plädiert der Beitrag sowohl für eine Freigabe der Forschung an sogenannten «überzähligen» Embryonen aus der In-vitro-Fertilisation als auch für die Zulassung des reproduktiven Klonens. Der siebte Beitrag befasst sich mit der Problematik der aktiven Sterbehilfe. Den Ausgangspunkt bildet die Frage nach der angemessenen Unterscheidung zwischen aktiver und passiver Sterbehilfe. Zurückgewiesen wird die Rückführung dieser Unterscheidung auf die Handeln-Unterlassen-Differenz. Im Ergebnis tritt der Beitrag dafür ein, nicht alle Massnahmen, die auf eine Abkürzung der Sterbephase zielen, als aktive Sterbehilfe zu klassifizieren. Der darauf folgende Beitrag enthält ergänzende Überlegungen zur rechtlichen Regelung der Sterbehilfe. Der letzte Beitrag befasst sich mit der fremdnützigen Forschung an Nichteinwilligungsfähigen. Ausgehend von einem bestimmten Personverständnis versucht er Bedingungen zu spezifizieren, unter denen eine solche Forschung als zulässig erachtet werden sollte.

Die Tatsache, dass dieses Buch Beiträge enthält, die aus der Perspektive der theologischen Ethik verfasst sind, bedarf einer kurzen Erläuterung. Es ist in der heutigen Ethikdebatte umstritten, welche Rolle religiöse Auffassungen und Sichtweisen darin spielen sollen. Gegenüber der Zielsetzung, die Vielfalt gesellschaftlicher Sichtweisen und Standpunkte in moralischen Fragen angemessen zu berücksichtigen und diese miteinander ins Gespräch zu bringen, gibt es die gegenläufige Tendenz, diese Vielfalt dadurch zu reduzieren, dass man religiöse und weltanschauliche Standpunkte aus der Debatte ausschliesst. Einflussreich ist in dieser Beziehung die Theorie des Politischen Liberalismus des amerikanischen Philosophen John Rawls geworden. Sie ist bewegt von der Frage, wie liberale Gesellschaften von freien und gleichen Bürgern, die getrennt sind durch unvereinbare religiöse, philosophische und moralische Lehren, gleichwohl Stabilität erlangen können. Rawls ist der Ansicht, dass dies nur möglich ist, wenn jene Lehren aus der öffentlichen Verständigung über die grundlegenden Fragen des Zusammenlebens, wie sie in der Verfassung geregelt werden, ausgeschlossen bleiben. Hier können nur Argumente zugelassen werden, die von Glaubensvoraussetzungen frei und daher von jedermann rezipierbar sind. Es ist vorgeschlagen worden, dieses Modell auch auf die Verständigung über medizinethische Fragen zu übertragen, jedenfalls insoweit es um die Arbeit von Ethikkommissionen geht, welche Vorschläge für rechtliche Regelungen erarbeiten, die mit Sanktionen für alle Rechtsunterworfenen verbunden sind.[4]

---

[4]   H. Pauer-Studer: Öffentliche Vernunft und Medizinethik, in: K. P. Rippe, Angewandte Ethik in der pluralistischen Gesellschaft, 1999, 371-384.

Dieser Vorschlag läuft freilich in der Konsequenz auf die Zumutung an die Bürgerinnen und Bürger hinaus, bei der öffentlichen Entscheidungsfindung in moralischen Fragen von eben jenen religiösen und weltanschaulichen Hintergründen zu abstrahieren, aus denen sich ihre moralische Sensibilität speist und die diese Fragen für sie zu moralischen machen. Darin liegt die Gefahr, dass zwischen ihren religiös begründeten moralischen Auffassungen und dem, was bei der öffentlichen Entscheidungsfindung an Orientierungen zugelassen wird, eine tiefgreifende Kluft entsteht. Verhindert werden kann dies nur, wenn auch in der öffentlichen Debatte den gesellschaftlich vorhandenen religiösen Orientierungen nach Möglichkeit Rechnung getragen wird. Angesichts des herrschenden religiösen und weltanschaulichen Pluralismus ist dies keine einfache Aufgabe, und letztlich wird dies, wenn es um definitive Entscheidungen über gesetzliche Regelungen geht, immer nur in Gestalt eines politischen Kompromisses möglich sein, der auf Seiten der Bürger die Bereitschaft voraussetzt, auch dem Standpunkt des Andersdenkenden in fairer Weise Rechnung zu tragen. Dazu aber bedarf es der öffentlichen Darstellung und Transparenz der unterschiedlichen Auffassungen und Standpunkte. Der theologischen Ethik wächst von daher die Aufgabe zu, die sittlichen Implikationen der christlichen Sicht der Lebenswirklichkeit im öffentlichen Raum auf eine für jedermann verständliche Weise zu kommunizieren. Nicht zuletzt dazu versucht dieses Buch einen Beitrag zu leisten.

Gegenseitigkeit – die Arzt-Patienten-Beziehung in ihrer Bedeutung für die medizinische Ethik

I.

Vor einigen Jahren fand am Ethik-Zentrum in Zürich eine Tagung statt mit dem Titel «Potentiale philosophischer Medizinethik», die so etwas wie eine Standortbestimmung der philosophischen Medizinethik versuchte. Es waren daran namhafte Philosophen aus dem deutschsprachigen Raum beteiligt. Die Tagung wandte sich aber insbesondere an Mediziner. Das Thema, das bei dieser Standortbestimmung zur Illustration diente, war die Sterbehilfe.

Es zeigte sich nun im Verlauf dieser Tagung eine auffällige Diskrepanz. Das Interesse der Philosophen wandte sich sehr schnell Begründungs- und Prinzipienfragen der Medizinethik zu, wobei es allerdings auch einzelne Stimmen gab, die im Hinblick auf die klinische Praxis Zweifel anmeldeten, ob eine einseitig prinzipienorientierte philosophische Medizinethik nicht an der klinischen Realität vorbeiphilosophiert. Ein Nachmittag war den Medizinern reserviert. Besonders ein Vortrag hinterliess bei den anwesenden Nichtmedizinern einen tiefen Eindruck, und zwar schlicht dadurch, dass der Vortragende sich darauf beschränkte, von Fällen von Sterbebegleitung zu *erzählen*, mit denen er in seiner Tätigkeit als Arzt zu tun hatte. Es fehlte in seinen Ausführungen jede Berufung auf moralische Prinzipien, jede Erörterung von Rechten und Pflichten von Patient und Arzt. Allein die narrative Präsentation von Fällen von Sterbebegleitung und Sterbehilfe machte deutlich, dass er als Arzt in den beschriebenen Fällen so handeln musste, wie er gehandelt hat, und dass dies auch in einem sittlichen oder moralischen Sinne angemessen und richtig war. Da trafen zwei völlig verschiedene Perspektiven auf das ärztliche Handeln aufeinander. Leider ist es im Verlauf der Tagung nicht gelungen, das Verhältnis dieser Perspektiven näher zu bestimmen, geschweige denn zu klären, wie sie sich miteinander verbinden lassen.

Der Vorgang illustriert ein Problem, das für die neuere Medizinethik kennzeichnend ist. Als diese Ende der 60er Jahre zunächst in den USA ihren Aufschwung nahm, stand im Zentrum der Gedanke der Patientenautonomie und der Patientenrechte. Dies führte dazu, dass man die Rechte und Pflichten der am medizinischen Geschehen Beteiligten möglichst genau zu definieren sowie die Bedingungen ihrer Gewährleistung zu spezifizieren suchte. Welche Bedingungen müssen erfüllt sein, damit von einem «informed consent» des Patienten ausgegangen werden kann? Medizinethische Fragen wurden damit vornehmlich als normativ-moralische und rechtliche Fragen aufgefasst und erörtert. Dass darin eine erhebliche Einseitigkeit liegt, kommt in folgender Feststellung von Bettina Schöne-Seifert zum Ausdruck: «Für Patienten, um deren Wohl und Wehe es ihr [sc. der neueren Medizinethik] ja am Ende immer geht, bietet sie indes selten direkte ‹Lebenshilfe› im Umgang mit Krankheit, Leiden und bevorstehendem Tod. Sowenig wie die allgemeine philosophische Ethik unserer Tage direkt Fragen des guten, des gelingenden individuellen Lebens behandelt, sowenig behandelt die zeitgenössische Medizinethik direkte Fragen des ‹richtigen› individuellen Umgangs mit eigenem Kranksein und Sterben».[1] Wenn das richtig ist, dann betrifft dieses Defizit nicht nur die Patientinnen und Patienten, sondern ebenso die behandelnden Ärztinnen und Ärzte. Denn diese sind ja entscheidend daran mitbeteiligt, welches Verhältnis Patientinnen und Patienten zu Krankheit und Sterben finden und wie sich ihr Kranksein und Sterben tatsächlich vollzieht. Es ist daher kein Zufall, dass sich im Gegenzug zum normativ ausgerichteten Mainstream der Medizinethik eine eigene «klinische» Medizinethik entwickelt hat, die weniger an Rechten und Pflichten, an moralischer und rechtlicher Verantwortlichkeit und dem Konfliktausgleich von Interessen orientiert ist als vielmehr an der Beziehung zwischen Arzt und Patient, wie sie sich der praktischen Erfahrung des Arztes darstellt.[2]

Das Problem lässt sich folgendermassen formulieren: Einerseits – das sollte unbestritten sein – dient die Erarbeitung moralischer und rechtlicher Standards der Stärkung der Position des Patienten und der Sicherung seiner Autonomie. Andererseits aber führt die Verengung des medizinethischen Blickwinkels auf moralische und rechtliche Normie-

---

[1]   B. Schöne-Seifert: Medizinethik, in: J. Nida-Rümelin (Hg.), Angewandte Ethik. Die Bereichsethiken und ihre theoretische Fundierung. Ein Handbuch, 1996, 553-648, 554.
[2]   Vgl. z. B. Ch. Culver (Hg.): Ethics at the Bedside, Hanover, NH 1990.

16

rungen in der Tendenz dazu, dass der Blick verstellt wird für das, was sich in Krankheit und Sterben als einem Geschehen zwischen Personen vollzieht. Umfasst dieses doch weitaus mehr als nur die normativ-moralische und die rechtliche Dimension.

Damit ist die Aufgabe umrissen, die sich die folgenden Überlegungen stellen. Ihr Ziel ist es, jene über das rein Normative hinausreichende Dimension des ärztlichen Ethos genauer in den Blick zu bekommen und in einem zweiten Schritt nach deren Vermittlung mit der unbestritten notwendigen ethischen und rechtlichen Normierung des ärztlichen Handelns zu fragen. Dazu ist es notwendig, zunächst die Arzt-Patienten-Beziehung genauer zu betrachten.

II.

Ich gehe aus von Überlegungen, die Viktor von Weizsäcker zur Arzt-Patienten-Beziehung entwickelt hat, und umreisse zunächst kurz den Stellenwert und die Bedeutung dieser Beziehung für Weizsäckers Verständnis der Medizin. Für Weizsäcker liegt in dieser Beziehung der Schlüssel zum Verständnis des ärztlichen Berufs überhaupt[3] und auch der Schlüssel für das, was ihm als Projekt einer «neuen Medizin»[4] vorschwebte, welche Krankheit im Kontext der Biographie des Patienten zu verstehen sucht. Auch wenn man aus heutiger Sicht manche Thesen Weizsäckers mit einer gewissen Skepsis betrachten mag, so sind doch seine grundsätzlichen Überlegungen zum Verständnis der Medizin von der Arzt-Patienten-Beziehung her von erheblicher Aktualität im Hinblick auf heutige Reformbestrebungen.[5]

Weizsäcker entwickelt seine Überlegungen unter dem Titel «Medizinische Anthropologie»[6]. «Das Urphänomen einer medizinischen Anthropologie und der Hauptgegenstand ihres Wissens» ist nach Weizsäcker «der kranke Mensch, der eine Not hat, der Hilfe bedarf und dafür den

---

[3] V. von Weizsäcker: Der Arzt und der Kranke, in: ders., Gesammelte Schriften, Bd. 5, 9-26.
[4] V. von Weizsäcker: Das Problem des Menschen in der Medizin. «Versuch einer neuen Medizin», in: ders., Gesammelte Schriften, Bd. 7, 366-371.
[5] Hastings Center: The Goals of Medicine. Setting New Priorities, 1996.
[6] Der Arzt und der Kranke, aaO. 13.

Arzt ruft. ... Leicht bemerkt man die einfache, aus zwei Arten der Entsprechung gewobene Doppelstruktur unseres Phänomens: eine personale Entsprechung: Mensch in Not und Mensch als Helfer, und eine sachliche Entsprechung: Krankheit und Medizin.» Demnach «ist zu erwarten, dass eine medizinische Anthropologie mindestens vier Hauptstücke im Sinne jener Gliederung enthalten wird ...».[7] Sie handelt einerseits vom Kranken und vom Arzt und deren wechselseitiger Beziehung und andererseits von der Krankheit und den therapeutischen Möglichkeiten der Medizin. Die Bezeichnung «medizinische Anthropologie» wird von Weizsäcker in bewusster Abgrenzung vom Begriff der «medizinischen Wissenschaft»[8] eingeführt. Weizsäcker macht damit Front gegen eine einseitig naturwissenschaftlich orientierte medizinische Wissenschaft. Im Unterschied zu dieser enthält die medizinische Anthropologie «*auch* eine Lehre vom Arzt und eine Lehre von der Not»[9] des Kranken.

Ob diese terminologische Abgrenzung glücklich ist, kann man fragen. Soll die Bezeichnung «medizinische Wissenschaft» wirklich der naturwissenschaftlich ausgerichteten Medizin überlassen werden? Müsste nicht ganz im Gegenteil der Anspruch erhoben werden, dass erst das, was Weizsäcker unter den Titel «medizinische Anthropologie» fasst, in einem umfassenden Sinne «medizinische Wissenschaft» ist? Dafür spricht folgende Überlegung. Es gehört zu den Eigentümlichkeiten der Medizin als einer praktischen Wissenschaft, dass sie ihre Einheit nur gewinnt von dem Ziel her, dem sie dient. Forschungen sind medizinische, wenn sie auf das Ziel der Gesundheit bzw. der Bekämpfung von Krankheit gerichtet sind. Abgesehen von diesem Ziel gehören sie anderen Disziplinen an, der Biologie, der Chemie, der Soziologie usw. Ebenso ist die praktische Anwendung medizinischen Wissens eine medizinische nur, wo sie dem Wohl kranker Menschen dient. Was aber kann als oberstes und letztes Ziel aller Medizin Anderes in Betracht kommen als das Wohl kranker Menschen, und auch gesunder, insofern diese krank werden können? Dieses Wohl aber ist ein subjektiver Sachverhalt, der mit individuellen Lebensauffassungen und Wertüber-

---

[7] Ebd.
[8] AaO. 14.
[9] Ebd.

zeugungen zu tun hat und der, bei gegebener Diagnose und Prognose einer Krankheit, nur über die Kommunikation zwischen Arzt und Patient ausgemittelt werden kann. Wenn also das Wohl des kranken und auch gesunden Menschen das letzte Ziel aller Medizin ist, dann muss die wissenschaftliche Reflexion der Arzt-Patienten-Beziehung als des Ortes der Bestimmung dieses Wohles als ein essentieller Bestandteil der Medizin betrachtet werden. Die Gleichsetzung von «medizinischer Wissenschaft» mit naturwissenschaftlicher Medizin stellt dann eine Verkürzung dar. Insbesondere ist die Lehre vom kranken Menschen, die Weizsäcker in der Medizin seiner Zeit vermisst[10], dann ein genuiner Teil der medizinischen Wissenschaft.

Was macht nun aber die Arzt-Patienten-Beziehung aus? Weizsäcker akzentuiert in seiner Beschreibung dieser Beziehung ein bestimmtes Moment. Die Situation des Kranken ist durch dessen Not gekennzeichnet, die Rolle des Arztes durch die helfende Zuwendung, die sich dieser Not annimmt. In der heutigen Medizinethik werden demgegenüber verschiedene Formen des Arzt-Patienten-Verhältnisses unterschieden, die unterschiedliche Situationen der Begegnung von Arzt und Patient widerspiegeln, nämlich das hippokratische Modell, das Partnerschaftsmodell und das Modell der reinen Dienstleistung gegen Geld.[11] Weizsäckers Beschreibung weist eine starke Affinität zum hippokratischen Modell auf.

Der entscheidende Punkt seiner Überlegungen scheint mir jedoch nicht dort zu liegen, sondern in dem Bemühen, die Arzt-Patienten-Beziehung als eine Beziehung zwischen *Personen* zu erhellen. Das ist sie in allen drei genannten Modellen. Im Unterschied zum naturwissenschaftlichen Verstehen, das auf «etwas» gerichtet ist, ist das Verstehen des Arztes auf «jemanden» gerichtet, der von sich sagt: «Ich bin krank», und der nicht von «etwas» sagt, dass es krank ist.[12] Weizsäcker sieht das Defizit des einseitig naturwissenschaftlich orientierten Arztes darin, dass er auf die Krankheit als einen Zustand des Organismus fixiert ist und daher keinen Blick hat für die Krankheit als eine Befindlichkeit der Person des Patienten. Um solcher Einseitigkeit entgegenzuwirken,

---

[10] AaO. 12.
[11] Schöne-Seifert, aaO. 594.
[12] AaO. 18ff.

hält Weizsäcker eine «Lehre vom ärztlichen Verstehen» als eines «Jemand-Verstehens» für notwendig.[13] In der Perspektive dieses Verstehens rückt der biographische Hintergrund und Sinn einer Krankheit in den Blick, ohne den für Weizsäcker eine Krankheit letztlich nicht zu verstehen ist, dessen Aufdeckung und Erhellung also essentiell zur ärztlichen Aufgabe gehört.

Man kann sich hier freilich nicht ganz des Eindrucks erwehren, dass bei Weizsäcker aufgrund seiner Frontstellung gegen die einseitig naturwissenschaftlich ausgerichtete Medizin eine gewisse Einseitigkeit in die entgegengesetzte Richtung besteht. Denn es geht in der Kommunikation zwischen Arzt und Patient gewiss doch auch darum, «etwas» zu verstehen, nämlich den organischen oder psychischen Krankheitszustand, an dem der Patient leidet. Das Jemand-Verstehen, die an den Kranken gerichtete Frage des Arztes, was ihm fehlt, hat ja nicht unwesentlich eben dies zum Ziel, dem Etwas-Verstehen auf die Sprünge zu helfen und zu einer den Organismus oder die Psyche betreffenden Diagnose zu gelangen. Es sind seither andere Modelle für das Arzt-Patienten-Gespräch entwickelt worden, die diesem Gesichtspunkt besser gerecht werden. So unterscheidet Reiter-Theil drei Gesprächsphasen: persönliche Erstbegegnung, unpersönliche Untersuchung und Kombination von beidem im Dialog zwischen Arzt und Patient.[14] Weizsäcker selbst ist viel daran gelegen, keine falschen Gegensätze aufzurichten. Die «Redeweise von der so wünschenswerten Hinwendung zum ‹kranken Menschen›» soll nicht als ein Plädoyer für «den Abbau der in einem sehr ernsten und wertenden Sinne zur Technik gewordenen Naturwissenschaftlichkeit der Medizin»[15] missverstanden werden. Dennoch ist nicht zu übersehen, dass von den vier «Hauptstücken» der medizinischen Anthropologie, die Weizsäcker aufführt: Kranker, Arzt, Krankheit und Medizin die beiden ersten im Zentrum stehen. Krankheit wird thematisch als eine Befindlichkeit des Kranken. Krankheit als Zustand des Organismus oder der Psyche tritt demgegenüber in den Hinter-

---

13 AaO. 23.

14 S. Reiter-Theil: Therapiebegrenzung und Sterben im Gespräch zwischen Arzt und Patient. Ein integratives Modell für ein vernachlässigtes Problem. In: dies., Ethik in der Medizin 1998, 74-90.

15 AaO. 17.

grund. Aber gehört sie nicht ebenso zur medizinischen Anthropologie, insofern der Mensch ein Wesen ist, das einen Organismus und eine Psyche hat, zu dem bzw. der er sich verhalten kann und muss?

Wie also sind die Perspektiven von «jemand» und «etwas» ins Verhältnis zu setzen? Der Schlüssel für die Beantwortung dieser Frage liegt in einem genaueren Verständnis dessen, was eine menschliche Person ausmacht. Ich möchte im folgenden Weizsäckers Anliegen aufnehmen und verdeutlichen, dass und inwiefern dem Personkonzept eine fundamentale Bedeutung zukommt für das Verständnis der Medizin, aber auch für die Medizinethik. Meine These ist, dass dem ärztlichen Handeln immer schon ein bestimmtes Personkonzept eingeschrieben ist, das auch dessen sittliche Orientierung bestimmt.

III.

Im Hintergrund der heute diskutierten Personbegriffe steht die grundlegende Alternative zweier Personkonzepte.[16] Das eine hat über die christliche Tradition Eingang gefunden in unser kulturelles Bewusstsein. Es hat seine historischen Wurzeln in der theologischen Trinitätslehre und Christologie. Eine Person ist hiernach ein unverwechselbares Individuum, das als solches von allen qualitativen Bestimmungen, die von ihm ausgesagt werden können und die es mit anderen gemeinsam hat, unterschieden ist. Sie ist nicht ein Exemplar von Dingen mit denselben Eigenschaften, nicht ein «Fall von etwas», sondern das Wort ‹Person› ist, wie Thomas von Aquin es ausgedrückt hat, ein *Eigenname* für ein «individuum vagum», für ein unbestimmtes Individuum. Jemand ist Person, insofern er Träger eines Eigennamens ist. Er ist individuiert über eine Gemeinschaft von Personen, die sich wechselseitig in ihrer Individualität anerkennen.[17] So begriffen ist die Person unterschieden von ihrer leib-psychischen[18] Natur, die wir in Merkmalen und Eigen-

---

16 Zum Folgenden R. Spaemann: Personen. Versuche über den Unterschied zwischen ‹etwas› und ‹jemand›, 1996.

17 «In Wirklichkeit kann eine Person nur als Person unter Personen begriffen werden.» Weizsäcker: Gesammelte Schriften, Bd. 7, 1986, 315.

18 Ich spreche bewusst von der leib-*psychischen* und nicht von der leib-*seelischen* Natur. Denn die Seele ist nach dem Verständnis der theologischen

schaften beschreiben können und die ein «Fall von etwas» ist, z. B. von Darmkrebs (Leib) oder Schizophrenie (Psyche). Die Person ist nicht identisch mit ihrer Natur, sondern sie «hat» diese Natur als Medium ihres In-Erscheinung-Tretens und kann und muss sich zu ihr verhalten.

Der andere, in der heutigen Bioethik vorherrschende Personbegriff geht auf den englischen Philosophen John Locke zurück. Er entwickelt diesen Begriff im Zusammenhang mit der Frage, wie es über die Zeit hinweg so etwas wie eine Identität der Person geben könne. Seine Antwort war: Dadurch, dass sie sich, als gegenwärtiges Bewusstsein, in der Erinnerung frühere Bewusstseinszustände als ihre eigenen zurechnet[19] und in der Vorausschau künftige Bewusstseinszustände als die ihren antizipiert. Das heisst: Die Person existiert als Bewusstsein und erfasst sich als Bewusstsein. In der heutigen bioethischen Diskussion begegnet dieser Personbegriff vor allem im Zusammenhang mit dem Begriff des Interesses. Interessen richten sich auf einen künftigen Zustand ihrer Befriedigung. Das heisst: Das Haben von Interessen impliziert Zeit-Bewusstsein. Und es impliziert darüber hinaus einen Bezug auf einen künftigen Bewusstseinszustand, eben den der Befriedigung des Interesses. Wesen, die Interessen haben, können daher als Personen im Sinne der von Locke herkommenden Tradition gelten. Die Kehrseite davon ist, dass Menschen mit apallischem Syndrom oder im Koma, möglicherweise auch Schlafenden, der Person-Status aberkannt werden muss. Die Auffassung des Hirntods als Ende personaler Exis-

---

und philosophischen Tradition gerade dasjenige, was die Person in ihrer Individualität und Unverwechselbarkeit ausmacht. Diese ist von der Psyche als einem Bereich von Verhaltensmustern und Dispositionen, welche die Person mit anderen Personen teilt, zu unterscheiden.

[19] Mit Spaemann lässt sich dagegen kritisch einwenden, dass dies nicht mit der Selbsterfahrung übereinstimmt. Ein Beispiel dafür ist der Hunger, der mir in diesem Augenblick bewusst wird, aber als etwas das ich schon die ganze Zeit hatte, ohne es zu merken, da ich in etwas anderes vertieft war. Was ich hier erfasse, ist nicht ein früheres Bewusstsein des Hungers, sondern meinen früheren Hunger als Regung in meinem Körper. Oder, um ein anderes Beispiel zu nehmen: Jemand geht früheren Stationen seiner Lebensgeschichte nach, reist an Orte, in denen er früher gewesen ist, trifft alte Bekannte und erfasst sich im Spiegel von deren Erzählungen als den, der er war. Was er erfasst, sind nicht frühere Bewusstseinszustände seiner selbst, sondern *sich selbst* als etwas, das mehr ist als seine Bewusstseinszustände.

Existenz und der Ausbildung der Hirnstrukturen im Fötus als Anfang personaler Existenz hat etwas mit diesem Personverständnis zu tun. Der entscheidende Unterschied gegenüber dem zuerst genannten Personenbegriff liegt darin, dass hier das Wort ‹Person› eine Klasse von Wesen mit bestimmten Eigenschaften bezeichnet, nämlich die Klasse der interessefähigen, selbst- und zukunftsbewussten Wesen.

Es ist hier nicht Raum, in eine Diskussion dieser Personbegriffe einzutreten. Im Hinblick auf die nachher zu ziehenden medizinethischen Folgerungen möchte ich jedoch auf folgenden Gedanken hinweisen, der zeigt, dass es nicht in unsere Willkür und unser Belieben gestellt ist, welchen der beiden Personbegriffe wir vorziehen und medizinethischen Überlegungen zugrundelegen. Es lässt sich zeigen, dass beide Personbegriffe in zwei verschiedenen Perspektiven verankert sind, die wir in der Verständigung miteinander einnehmen können und dass wir immer schon an beiden Perspektiven teilhaben. Das bedeutet, dass man einen anderen jederzeit dessen überführen kann, dass er insbesondere am erstgenannten Personverständnis partizipiert. Das eine ist die *Teilnehmerperspektive* der *Verständigung mit* einem Anderen, das andere die *Beobachterperspektive* der *Verständigung über* einen Anderen.

Die erste Perspektive ist entscheidend für die Markierung der Differenz zwischen der Person und ihrer Natur. Selbst noch der Triebtäter, der von seiner Natur überwältigt wird, muss sich allein dadurch, dass er – in der Verständigung *mit* ihm – auf seine Tat angesprochen und nach Gründen oder einer Erklärung gefragt wird, zu seiner Natur verhalten und eben damit von ihr unterscheiden. Das Beispiel zeigt, dass Person-Sein nicht Freiheit im Sinne vernünftiger Selbstbestimmung und Selbststeuerung zur Bedingung hat[20] – wäre es so, dann gäbe es Abstufungen des Person-Seins je nach dem Grad der Freiheit –, sondern dass Person-Sein im hier in Rede stehenden Sinne in der Teilhabe an einer Kommunikationsgemeinschaft von Personen fundiert ist, welche sich wechselseitig auf ihr Tun und Verhalten ansprechen.

In dieser Teilhabe ist die *Würde* der Person fundiert. Nach Kant hat der Mensch Würde, insofern er Zweck an sich selbst und nicht bloss Mittel ist. Wo immer etwas als Mittel gebraucht wird, da wird ihm

---

20 Dies gegen Spaemann, aaO. 41.

von aussen eine Bestimmung gegeben im Hinblick auf einen Zweck, der durch es erreicht werden soll. In der Perspektive der Verständigung *mit einem anderen* hingegen erlangt dieser Bestimmtheit für uns als die Person, die er ist, dadurch, dass *er selbst* sich uns bestimmt, weshalb wir ihn im Zweifelsfall fragen müssen, was er will, was er tut, wie er etwas erlebt, was er fühlt, wie ein bestimmtes Verhalten zu verstehen, eine bestimmte Äusserung gemeint ist usw. Das bedeutet, dass er *in dieser Perspektive* nicht fremder Bestimmung unterliegt in dem Sinne, dass ein anderer dies alles an seiner Stelle über ihn verfügen kann. Vielmehr kann er sich uns nur selbst enthüllen. Die Achtung der Würde der Person hat ihren Kern in der Achtung dieser ihrer Selbstbestimmung, und zwar in einem umfassenden Sinne: nicht nur als Bestimmung der Person darüber, was mit ihr geschehen soll und darf, sondern als Bestimmung darüber, wer sie *ist*.

Man kann diesen Sachverhalt in folgenden Satz fassen: Eine Person im hier in Rede stehenden Sinn ist dadurch charakterisiert, dass sie, *wenn* sie als die Person, die sie ist, Bestimmtheit für uns erlangt, diese nur von sich selbst her, d. h. über ihre Selbstpräsentation in Kommunikation mit uns erlangen kann. Formuliert man das in dieser *hypothetischen* Form, dann lassen sich darunter auch jene Fälle fassen, die in der heutigen Bioethik kontrovers diskutiert werden, wie Menschen mit apallischem Syndrom, im Koma oder Schlafende, also Menschen, die sich uns nicht in Verständigung präsentieren und bestimmen. Sie als Personen wahrnehmen heisst, auch für sie zu unterstellen, dass sie, *wenn*, sich uns nur selbst bestimmen könnten als die Personen, die sie sind, in der Kommunikation mit ihnen. Auch wenn dies nie eingelöst werden kann, weil die Voraussetzungen dafür von Geburt an fehlen, entzieht diese Unterstellung jene Menschen der Möglichkeit, dass sie nur fremder Bestimmung unterworfen werden. Und zugleich wahrt diese Unterstellung jene Differenz, die für das Person-Sein konstitutiv ist: dass auch diese Personen nicht die Natur *sind*, die wir von aussen an ihnen feststellen können, sondern dass sie sich von dieser Natur unterscheiden und etwas anderes sind als diese – auch wenn wir es nicht kennen und nicht wissen, wie es ist, eine solche Person zu sein.[21]

---

21 Versteht man die Person im hier skizzierten Sinne, dann lassen sich von

Was nun andererseits den in der Lockeschen Tradition stehenden Personbegriff betrifft und die These, dass dieser der Beobachterperspektive der Verständigung *über jemanden* zugeordnet werden kann, so genügt es, auf die Debatte hinzuweisen, die darüber geführt wird, ob man auch höher entwickelten Tieren Interessen und damit den Status von Personen mit entsprechenden Rechten zuschreiben kann. Die Gründe und Gegengründe sucht man aus der Beobachtung des Verhaltens von Tieren zu gewinnen.

IV.

Was lässt sich nun aus dieser Skizze der Personkonzepte für das Verständnis der Medizin gewinnen? Wie gezeigt, ist es Weizsäckers Absicht, das Wesen des ärztlichen Handelns aus der Arzt-Patienten- Beziehung als einer Beziehung zwischen Personen abzuleiten. Meine These ist nun, dass das ärztliche Handeln – mag dies bewusst sein oder nicht – immer schon am erstgenannten Personverständnis orientiert ist. Das bedeutet, dass hier beide Perspektiven beieinander und untrennbar verbunden sind: Die Perspektive auf «jemanden», auf ein unverwechselbares Individuum; und die Perspektive auf «etwas», auf die leib-psychische Natur, die dieses Individuum hat und zu der es sich verhalten kann und verhalten muss. Das am Wohl des Patienten orientierte ärztliche Verstehen muss mithin beide Perspektiven umfassen.

---

daher Gesichtspunkte für die Überbrückung der konfessionellen Differenz im Personverständnis gewinnen. Nach katholischem Verständnis ist die Person ein «*letztes*, in sich *stehendes* Wesen..., das der eigenverantwortliche Ursprung seines Handelns ist und diese Verantwortung an keine hinter dem Person-Sein liegende Instanz mehr abtreten kann» (E. Schockenhoff: Ethik des Lebens. Ein theologischer Grundriss, 1993, 138). Nach protestantischem Verständnis verdankt die menschliche Person ihr Person-Sein der *Beziehung* zu anderen Personen, und hier fundamental der Anerkennung bzw. Erkenntnis durch Gott. Nach dem soeben Ausgeführten ist für das Person-Sein einerseits die Teilhabe an einer Personengemeinschaft konstitutiv, welche sich in der *Kommunikation* zwischen Personen manifestiert. Insofern ist Person-Sein relational konstituiert. Andererseits gilt, dass *in* solcher Kommunikation Personen nur von *sich selbst her* Bestimmtheit gewinnen können als die Personen, die sie sind, und mithin als jemand in Erscheinung treten, der seinen Stand in sich selbst hat.

Die vier «Hauptstücke» der medizinischen Anthropologie, die Weizsäcker aufführt: Kranker, Arzt, Krankheit und Medizin spiegeln dieses Personverständnis wider. Die medizinische Anthropologie im Sinne Weizsäckers hat eine interpersonale Beziehung zwischen Arzt und Patient zum Gegenstand, die durch eine organische oder psychische Erkrankung veranlasst ist, für die der Patient medizinische Hilfe sucht.

Inwiefern ist dem ärztlichen Handeln das erstgenannte Personverständnis eingeschrieben? Man kann sich dies an den Regeln verdeutlichen, die für das ärztliche Handeln gelten. Die Differenz zwischen der Person und ihrer leib-psychischen Natur findet ihren Niederschlag in der Unterscheidung zwischen zwei Arten von Regeln: solchen, die die leib-psychische Natur des Patienten betreffen, d. h. den Regeln der ärztlichen Kunst; und solchen, die die Person des Patienten betreffen, d. h. medizinethischen Richtlinien, ärztlichen Standesregeln und entsprechenden gesetzlichen Bestimmungen.

Beide Arten von Regeln haben unterschiedlichen Status: Ärztliche Kunstregeln *begründen* ärztliches Handeln: Wenn der und der Zustand des Patienten gegeben ist, dann ist das und das medizinische Handeln – diagnostisch, therapeutisch, palliativ usw. – angezeigt. Der Patient wird hier hinsichtlich seiner «Natur» den betreffenden Regeln subsumiert und zum «Fall von etwas». Wo es hingegen um die Person des Patienten geht, da ist ihrer Würde als unverwechselbares Individuum geschuldet, dass sie gerade nicht als «Fall von etwas» behandelt werden darf. Das bedeutet nicht einen regelfreien Zustand, ganz im Gegenteil. Es bedeutet vielmehr, dass das ärztliche Handeln hier nicht in den entsprechenden Regeln *begründet* ist, sondern dass es jederzeit vor ihnen *gerechtfertigt* werden können muss. Dies eröffnet dem ärztlichen Handeln den notwendigen Freiraum, den es braucht, um sich – zwar nicht bei jeder Verschreibung eines Schnupfenmittels, aber doch bei schwerwiegenden Entscheidungen, wie sie sich etwa bei der Sterbehilfe stellen – an der unter keine Regeln zu subsumierenden, schlechthin individuellen Person des Patienten, seiner Biographie und Lebensperspektive, orientieren zu können.

Die Unterscheidung zwischen *Begründung* und *Rechtfertigung* findet in der heutigen Ethik nicht immer die Beachtung, die sie verdient.

Meist werden beide Begriffe austauschbar gebraucht.[22] Dass es hier einen relevanten Unterschied gibt, das lässt sich gerade am ärztlichen Standesethos illustrieren. Patienten erwarten heute von ihrem Arzt nicht unbedingt, dass sein Handeln in diesem Ethos *begründet* ist. Der Arzt mag ganz andere Motive haben, wie z. B. Karriere oder Geld. Je nachdem, worum es geht, ist für die Arztwahl entscheidend, dass der Arzt sein Handwerk versteht und seine Sache gut macht. Erwartet wird allerdings, dass das ärztliche Handeln *in Übereinstimmung ist* mit dem ärztlichen Standesethos und jederzeit vor diesem *gerechtfertigt werden kann.*

Der Unterschied zwischen Begründung und Rechtfertigung lässt sich so charakterisieren: *Begründungen* von Handlungen erfolgen *durch* Regeln. *Rechtfertigungen* von Handlungen hingegen müssen *gegenüber* Regeln bzw. Normen erbracht werden, die *gegen die entsprechenden Handlungen* geltend gemacht werden bzw. geltend gemacht werden können. Diese Unterscheidung ist fundamental für jede Moraltheorie, und sie ist von erheblicher Bedeutung für die medizinische Ethik. Gegenüber der Tendenz, alles mit Hilfe moralischer oder rechtlicher Normen regeln zu wollen, dient diese Unterscheidung gerade der Begrenzung der Ansprüche der Moral und des Rechts, um dem ärztlichen Handeln den notwendigen Freiraum zu verschaffen, den es um der Achtung vor der Individualität und Andersheit[23] der Person des Patienten willen braucht.

Im Einzel- und Ausnahmefall kann es dabei zur Übertretung dieser Normen kommen. Dies führt zu einem schwierigen Problem, das die ethische Tradition mit dem Begriff der *Einzelfallgerechtigkeit* bezeichnet hat. Ich bin kein Arzt, aber nehme zur Kenntnis, dass es im Verhältnis von Arzt und Patient zu Situationen kommen kann – exemplarisch hierfür ist die Sterbehilfe – in denen der Arzt um des Patienten willen und im Einvernehmen mit ihm geltende moralische und rechtliche Normen hintanzustellen sich genötigt sieht und nur auf solche Einzelfallgerechtigkeit rechnen kann. Gerade wo es um Krankheit und

---

[22] Ein Beispiel dafür ist der Artikel «Rechtfertigung» in der von J. Mittelstrass herausgegebenen Enzyklopädie Philosophie und Wissenschaftstheorie, Bd. 3, 510f.

[23] Den Aspekt der Andersheit in der Arzt-Patienten-Beziehung betont Klaus Dörner: Der gute Arzt, 2001, 44f. im Anschluss an Lévinas.

Sterben und damit um fundamentale existentielle Belange geht, kann das nicht ausgeschlossen werden. Alles kommt hier jedoch auf die Einsicht an, dass der Arzt damit nicht aus der Rechtfertigungspflicht *gegenüber* den geltenden Normen entlassen ist. Die Notlage, die zur Übertretung einer Norm führt, muss als so erheblich ausgewiesen werden können, dass die Übertretung als entschuldbar angesehen werden kann. Einzelfallgerechtigkeit basiert auf dieser Rechtfertigungspflicht. Aus der Einsicht, dass es um der Individualität und Würde des Patienten willen einen Freiraum für ärztliches Handeln braucht, darf nicht die falsche Schlussfolgerung gezogen werden, dass das ärztliche Handeln nurmehr an der Person des Patienten und nicht auch an den Regeln des ärztlichen Standesethos zu orientieren ist. Die Fortschritte der neueren Medizinethik bei der Aufstellung verbindlicher Standards für das Arzt-Patienten-Verhältnis sind eine Errungenschaft, die dem Wohl des Patienten dient, und niemand wird sich hier einen regellosen Zustand wünschen.

Es dürfte mit diesen Ausführungen deutlich geworden sein: Gerade das ärztliche Handeln ist ein Beispiel für die hohe *praktische Evidenz* des hier in Rede stehenden Personbegriffs. Das, was die Person in ihrer unverwechselbaren Individualität und in ihrer Differenz und Einheit mit ihrer Natur ausmacht, findet seine exakte Widerspiegelung in der Unterschiedlichkeit der Regeln, die für das ärztliche Handeln gelten, sowie in diesem notwendigem Freiraum. Ethische Argumentationen haben ihre grösste Überzeugungskraft immer dann, wenn sie lediglich etwas ins Bewusstsein heben, das in der Praxis immer schon handlungsleitend ist, ohne doch begrifflich bewusst zu sein. In diesem Sinne drängt sich der Personbegriff als medizinethischer Fundamentalbegriff geradezu auf. Dies nicht zuletzt auch deshalb, weil seit der durch Peter Singer angestossenen Debatte unübersehbar geworden ist, dass der Begriff der *Menschenwürde*, mit dem in der heutigen Medizinethik bevorzugt argumentiert wird, Missverständnissen ausgesetzt ist. Denn im Unterschied zum Wort ‹Person› bezeichnet das Wort ‹Mensch› eine *Klasse* von Wesen mit bestimmten genetischen Eigenschaften.

Die Singersche Speziezismus-Kritik legte den Finger darauf, dass die blosse Zugehörigkeit zu einer Klasse von Wesen und der Besitz der entsprechenden Eigenschaften keinen überlegenen ethischen Status – etwa des Menschen gegenüber Tieren – begründen kann. Diese Kritik geht völlig in Ordnung. Der entscheidende, gegen Singer zur Geltung zu bringende Gesichtspunkt ist, dass die einem Menschen zukommende Würde nicht in seinen menschlichen *Eigenschaften*, nicht in seiner menschlichen *Natur*, sondern in seinem *Person-Sein* begründet ist. Zwar ist die menschliche Natur – also die Zugehörigkeit zur Klasse der Menschen – Voraussetzung dafür, dass wir jemanden als Person wahrnehmen. Aber seine Würde als Person leitet sich nicht aus dieser Natur ab, sondern aus der Teilhabe an einer Personengemeinschaft.[24] Der Mensch hat Würde, weil er Person ist; es gilt nicht das Umgekehrte, dass die Person Würde hat, weil sie Mensch ist.

V.

Was ergibt sich aus alledem für die Medizinethik? Ich komme mit dieser Frage auf den Anfang meines Vortrags zurück, d. h. auf die unterschiedlichen Auffassungen von medizinethischer Rechenschaftsablegung, wie sie bei jener Tagung zwischen Philosophen und Medizinern zutage traten.

Ich sprach einleitend davon, dass in der neueren Medizinethik normativ-moralische und rechtliche Fragen im Vordergrund stehen und dass dies mit einer Weichenstellung zusammenhängt, die am Anfang

---

[24] Die Singersche Kritik setzt bekanntlich den Speziezismus in Parellele zum Rassismus, um ihn moralisch zu disqualifizieren. Doch sollte man sehen, dass Singers eigene Position dem Rassismus viel näher steht als die von ihm bekämpfte Position. Denn so, wie der Rassismus den Status von Menschen nach deren Eigenschaften qualifiziert, so möchte auch Singer den ethischen Status von Menschen und Tieren nach deren Eigenschaften qualifizieren, nur dass bei ihm anders klassifiziert wird: nicht nach Rasse und Hautfarbe, sondern nach dem Grad von Empfindungsfähigkeit, Selbstbewusstsein, Interessefähigkeit usw. Demgegenüber ist bei dem hier in Rede stehenden Personbegriff die Würde der menschlichen Person gerade nicht in ihren Eigenschaften begründet. Diese Entkoppelung des ethischen Status des Menschen als Person von den ihm zukommenden Eigenschaften ist grundlegend für die spezifische Humanität, die die abendländische Kultur ausgebildet hat, und sie hat ihren Niederschlag in den Menschenrechten gefunden. Dass allen Menschen, gleich welcher Rasse und Hautfarbe, ob gesund oder krank, ob zu mündiger Selbstbestimmung fähig oder nicht, dieselbe Würde als Person zukommt, das ist der Punkt, der heute angesichts der Prominenz des von Locke herkommenden Personbegriffs innerhalb der Bioethik strittig geworden ist.

der neueren Medizinethik stand und die mit den Stichworten ‹Patientenautonomie› und ‹Patientenrechte› verbunden ist. Diese Ausrichtung der Medizinethik lässt sich in einen Zusammenhang bringen mit jenem Personverständnis, welches heute in weiten Bereichen besonders der angelsächsischen Bioethik vorherrschend ist und das am Begriff des Interesses orientiert ist. Moral hat es hiernach mit der Abwägung und dem Ausgleich von Interessen zu tun, und Ethik als Moralreflexion hat die entsprechenden Normen und Regeln dafür aufzustellen und zu begründen.[25] Historisch lässt sich diese Ethik-Auffassung zurückführen auf eine Funktion, die die Ethik in der Neuzeit nach der Erfahrung der Religionskriege übernommen hat, nämlich die des rationalen Konfliktausgleichs. Diese ursprünglich auf den Bereich des Politischen bezogene Auffassung von Ethik als Konfliktlösungstheorie wird heute auf fast alle Bereiche der Angewandten Ethik übertragen, z. B. auf die Tierethik (Abwägung der Interessen und Rechte von Tieren gegenüber denen von Menschen) und auch auf die Medizinethik (Festlegung von Rechten und Pflichten von Patient und Arzt).

Während sich hier die Ethik auf die Aufstellung und Begründung von moralischen und rechtlichen Normierungen konzentriert, muss es einer Ethik-Konzeption, die dem zuerst genannten Personbegriff Rechnung trägt, gerade darum gehen, die Ansprüche von Moral und Recht zu *begrenzen*. Denn moralische und rechtliche Normen regeln «Fälle von etwas». Personen hingegen sind keine «Fälle von etwas». Die Achtung vor der Individualität der Person erfordert es daher, den Blickwinkel der Medizinethik über moralische und rechtliche Fragen hinaus zu erweitern.

Dies ist der Punkt, an dem die Bedeutung der Narrativität, des Erzählens, für die medizinethische Rechenschaftsablegung ins Blickfeld kommt. Es muss einer einseitig regel- und prinzipienorientierten Medizinethik zu denken geben, dass Ärzte dazu neigen, die sittliche Richtigkeit ihres Handelns in der Weise zu kommunizieren, dass sie von Einzelfällen erzählen. Diese Form der Rechenschaftsablegung entspricht

---

25 Vgl. zu diesem Moral- und Ethik-Verständnis Klaus Steigleder: Die Begründung der normativen Ethik, in: J.-P. Wils/D. Mieth, Grundbegriffe der christlichen Ethik, 1992, 84-109, 85.

der Orientierung des ärztlichen Handelns an der individuellen Person des Patienten. Was der Arzt tut, tut er nicht in Anwendung einer Norm oder eines Prinzips, sondern mit Blick auf die Person des Patienten, und zwar die Person, *wie sie sich ihm in der Verständigung mit ihr präsentiert und zeigt.* Auf diesen letzten Zusatz kommt hier alles an. Der Organismus des Patienten ist äusserer Beobachtung zugänglich und seine medizinische Beschreibung orientiert sich am Ideal wissenschaftlicher Objektivität. Die Person des Patienten in ihrer Individualität hingegen enthüllt sich nur in der Verständigung mit ihr selbst. Hier ist der Arzt nicht nur Beobachter, sondern Beteiligter an solcher Verständigung. Das bedeutet, dass Aussenstehende die Entscheidungen und das Handeln des Arztes nur nachvollziehen können, indem sie sich in den Arzt als Beteiligten und damit in die Beziehung des Arztes zu dem Patienten *hineinversetzen.*

Genau das leistet das Erzählen: Es versetzt uns in Situationen hinein und lässt uns diese in der Vorstellung miterleben bzw. nacherleben. Das Erzählen unterscheidet sich in dieser Hinsicht von einem reinen *Bericht.* Ein Bericht nimmt die Perspektive des objektiven Beobachters ein. Es hält die Fakten fest. Für den Bericht etwa eines Zeugen bei einem Verkehrsunfall ist entscheidend, dass er das, was geschehen ist, objektiv und richtig wieder gibt. Doch wenn derselbe Zeuge einem Bekannten mitteilt, wie er das Geschehene *erlebt* hat, dann kommt er ins Erzählen. Und dieses Erzählen versetzt den Bekannten in der Vorstellung in das Geschehene hinein an den Ort, von dem aus der Zeuge dieses erlebt hat.

Wodurch aber gewinnt das Erzählte *sittliche* Evidenz? Um dies zu verstehen, muss man sich den Unterschied zwischen normativer und tugendethischer Betrachtungsweise in Erinnerung rufen. Die normative Betrachtungsweise bewertet eine Handlung aufgrund von Normen oder Regeln. Die tugendethische Betrachtungsweise bewertet Handlungen aufgrund der Haltung oder Einstellung, die in ihr zum Ausdruck kommt, z. B. in Gestalt von Fürsorge oder Gewissenhaftigkeit und Verantwortlichkeit. In der Erzählung des Arztes von seinem Umgang mit dem Patienten stellt sich solche Haltung vor Augen. Ihre Angemessenheit und sittliche Qualität erkennen wir intuitiv[26] aufgrund der Anschauung der

---

[26] Vgl. dazu in diesem Buch 54ff.

Situation des Patienten, die eben eine solche Zugewandtheit und ein solches Handeln seitens des Arztes erfordert.

Es kommt hier ein Aspekt des ärztlichen Handelns in den Blick, der nicht nur in medizinethischer, sondern auch in medizinischer Hinsicht von Bedeutung ist. Das ärztliche Handeln ist in zweifacher Hinsicht folgeträchtig: Es ist folgeträchtig im Hinblick auf seine kausalen Wirkungen, die – z. B. in Gestalt der Verschreibung eines Medikaments – dem Organismus und der Psyche des Kranken gelten. Und es ist folgeträchtig über die Haltung, die sich durch es hindurch vermittelt und die sich auf den Patienten übertragen kann in Gestalt von Vertrauen, dem Gefühl ernst genommen zu werden, und nicht zuletzt der Bereitschaft zur *compliance*. Die zweite Art der Folgeträchtigkeit zielt auf die Person des Kranken. Eine am Wohl des Patienten orientierte Medizin muss beiden Arten der Folgeträchtigkeit gerecht zu werden versuchen. In diesem Kontext ist die Bedeutung des ärztlichen Tugendethos zu sehen. Es gehört zu den grossen Verdiensten Weizsäckers, dieser Seite des ärztlichen Handelns eingehende Überlegungen gewidmet zu haben.[27]

Als Fazit ist festzuhalten, dass die narrative Rechenschaftsablegung, zu der Ärzte tendieren, und die darin sich ausdrückende tugendethische Komponente des ärztlichen Ethos mit dem Wahrnehmungsmuster der Person zu tun haben, von dem das ärztliche Handeln bewusst oder unbewusst geleitet ist. Dieses Wahrnehmungsmuster beansprucht den Arzt immer schon in der Rolle des *Beteiligten*. Um sein Entscheiden und Handeln nachvollziehen zu können, muss man sich daher in ihn hineinversetzen. Und eben dies wird ermöglicht durch den Modus des Erzählens. Gleichwohl muss das ärztliche Handeln auch Regeln und Prinzipien unterliegen. In ihm sind normative und tugendethische Orientierung verschränkt. Die Zusammenführung von Regelorientierung einerseits und narrativer Orientierung andererseits wird ermöglicht durch die Unterscheidung zwischen ‹begründen› und ‹rechtfertigen›, d. h. dadurch, dass die Prinzipien nicht als *begründend* für das ärztliche Handeln aufgefasst werden, sondern als etwas, wovor dieses Han-

---

[27] Vgl. etwa V. von Weizsäcker: Die Schmerzen, in: ders., Gesammelte Schriften, Bd. 5, aaO. 27-47, 28ff. Weizsäcker sieht das eigentliche «Geheimnis» ärztlichen Heilhandelns in der «Hinwendung» des Arztes, und er kann in diesem Zusammenhang von der «Kraft der Hinwendung» sprechen.

deln *gerechtfertigt* werden muss; damit, was die Begründung betrifft, jener Freiraum gesichert bleibt, was – entsprechend der Orientierung an der Person des Patienten – nur narrativ ausgewiesen werden kann.

Hier wäre nun weiterzufragen, was das genau heisst: sich an der individuellen Person des Patienten zu orientieren; wie die entsprechende Haltung des Arztes näher zu beschreiben ist; welche Gefahren und auch Fallstricke hier liegen können in Gestalt bestimmter Befangenheiten und Unterstellungen seitens des Arztes wie etwa: dass er den Patienten als den Menschen, der dieser ist, *verstehen* könne und müsse – eine Unterstellung, die die Gefahr der Vereinnahmung und Ignorierung der nicht aufzuhebenden Andersheit und Fremdheit der Person des Patienten in sich birgt;[28] oder dass jede Krankheit einen biographischen Sinn habe, dessen Aufdeckung und Erhellung zur Aufgabe des Arztes gehöre.[29] Ich kann diese Fragen hier nur notieren.

VI.

Es gibt heute die Auffassung, dass an Stelle von «Medizinethik» besser von «Ethik in der Medizin» gesprochen werden sollte. Dahinter steht die Meinung, dass es in der Medizin um keine anderen «Werte» und «Einstellungen» geht als in anderen gesellschaftlichen Bereichen auch und dass daher von einer besonderen «Medizinethik» nicht gesprochen werden könne.

Diese Meinung beruht auf einer Verwechslung von Moral und Ethik. Wenn wir von Werten und Einstellungen sprechen, dann sprechen wir von Moral. Ethik dagegen ist *Reflexion* der Moral. Die Ausdifferenzierung unterschiedlicher «Bereichsethiken» – Medizinethik, Wirtschaftsethik, Umweltethik usw. – in den zurückliegenden vier Jahrzehnten ist

---

[28] Vgl. zur Kritik K. Dörner: Der gute Arzt, 2001, 44ff.

[29] Es sei zumindest als Frage notiert, ob bei Weizsäcker nicht eine gewisse Unklarheit darin liegt, dass *Psyche* und *Seele* (als Sitz der Individualität), damit auch Psyche und Person sich bei ihm ineinanderschieben, womit das «Geheimnis», das die Person ausmacht, mitsamt der für diese sich stellenden Sinnproblematik in die Perspektive der Psychologie rückt. Auf die darin liegende Gefahr – der Arzt als Sinnstifter, die Psychologie als Sinnunternehmen und Religionsersatz – hat einst Karl Jaspers in seiner Kritik an Weizsäcker den Finger gelegt.

in der Einsicht begründet, dass unterschiedliche Praxisfelder uns mit unterschiedlichen Arten von Problemen konfrontieren, die unterschiedliche Arten der *ethischen Reflexion* erfordern.[30] Die alte top-down-Vorstellung, die den modernen ethischen Theorien – Utilitarismus, Kantianismus – zugrunde liegt, nämlich dass es letztlich nur eine Art von ethischer Reflexion gibt, die auf sämtliche moralischen Probleme, mögen sie noch so unterschiedlich sein, lediglich «angewandt» werden muss, ist heute zerbrochen. Durchgesetzt hat sich ein bottom-up-Ansatz, der von der Besonderheit des betreffenden Praxisfeldes ausgeht und von der Eigenart der dort sich stellenden moralischen Probleme.

Von dieser Art waren auch die hier entwickelten Überlegungen. An dieser Stelle ist nun auch von den Grenzen zu sprechen, die einer Entwicklung der Medizinethik aus der Arzt-Patienten-Beziehung gezogen sind. Zweifellos kommt für die moralischen Fragen, die sich innerhalb des Praxisfeldes der Medizin stellen, der Arzt-Patienten-Beziehung eine eminente Bedeutung zu. Aber bei weitem nicht alle Fragen, die heute innerhalb der Medizinethik zur Diskussion stehen, haben mit dieser Beziehung zu tun. Zu denken ist etwa an die Frage der Nutzung embryonaler Stammzellen für die medizinische Forschung oder an das therapeutische Klonen. Bei diesen und anderen Fragen geht es nicht um den individuellen Umgang mit Patienten, sondern um rechtliche Regelungen, die auf dem Hintergrund gesellschaftlicher Wertüberzeugungen getroffen werden müssen. In die Klärung dieser Fragen gehen noch andere Wertgesichtspunkte ein, als sie für die Arzt-Patienten-Beziehung gelten, Gesichtspunkte etwa, die mit der liberalen Verfassung unseres politischen Gemeinwesens zu tun haben und die in die Politische Ethik hinüberspielen. Ich will mit diesen wenigen Hinweisen nur ins Bewusstsein heben: Medizinethik umfasst mehr als nur die Arztethik.[31] Aber zweifellos kommt innerhalb der Medizinethik der Arztethik zentrale Bedeutung zu.

---

30 K. Bayertz: Praktische Philosophie als angewandte Ethik, in: ders. (Hg.), Praktische Philosophie. Grundorientierungen angewandter Ethik, 1991, 7-47.

31 Vgl. dazu E. Amelung: Die drei Ebenen medizinethischer Probleme, in: ders. (Hg.), Ethisches Denken in der Medizin. Ein Lehrbuch, 1992, 19-53.

Ziele und Zielkonflikte der Medizin[1]

Gegenwärtig gibt es in einer Reihe von Ländern Bestrebungen hinsichtlich einer Neuorientierung der Medizin. Sie reagieren auf die Tatsache, dass die Medizin trotz der grossen und offensichtlichen Erfolge bei der Diagnose und Therapie von Krankheiten in die öffentliche Kritik geraten ist. Auslösend hierfür ist nicht nur die sogenannte Kostenexplosion im Gesundheitswesen. Die Beunruhigung reicht tiefer und wird genährt durch den grundsätzlichen Zweifel, ob die Medizin von ihrer ganzen heutigen Ausrichtung her die ihr zukommende Aufgabe überhaupt erfüllen kann oder ob sie nicht strukturell fehlorientiert ist.

Für die Zielgenauigkeit von Reformbestrebungen hängt Entscheidendes von einer genauen Problemdiagnose und Problembeschreibung ab. Wenn man von ‹Problemen› spricht, dann ist dabei immer etwas – in einem weiten Sinne – *Normatives* unterstellt, im Hinblick worauf oder gemessen woran etwas problematisch ist. So stellt die Kostenexplosion im Gesundheitswesen ein Problem dar angesichts des Ziels einer gerechten und ausreichenden medizinischen Versorgung für alle. Von der Klärung der normativen Kriterien hängt ab, was als Problem anzusehen ist und was nicht. Die folgenden Überlegungen setzen sich zum Ziel, erstens normative Kriterien zu benennen, von denen her bestimmte Entwicklungen in der Medizin als «Probleme» zu identifizieren sind, und zweitens unter Anlegung dieser Kriterien einige zentrale Probleme anzusprechen.

1. These:
Grundlegend für alle Reformbestrebungen im Bereich der Medizin ist die Unterscheidung zwischen Medizin und Gesundheitswesen.

Wird zwischen Medizin und Gesundheitswesen nicht klar unterschieden, dann besteht die Gefahr, dass man der Medizin die Probleme des Gesundheitswesens aufbürdet, die zu lösen sie gar nicht die Mittel hat.

---

[1] Referat bei der Klausurtagung der *Schweizerischen Akademie der Medizinischen Wissenschaften* (SAMW) zur Neuorientierung der Medizin am 25./26. 8. 2000.

Diskussionen über die Reform der Medizin verlieren sich dann im Dschungel der Probleme des Gesundheitswesens. Man mag vielleicht einwenden, dass Medizin und Gesundheitswesen so stark verflochten sind, dass sie nicht zu trennen sind. Das ist ohne Weiteres zuzugestehen. Doch auch wenn sich die beiden nicht trennen lassen, kann und muss doch zwischen beiden *unterschieden* werden.

Wodurch unterscheiden sich Medizin und Gesundheitswesen? Es sind *zwei* Unterscheidungskriterien, die *zusammengenommen* die Unterschiedlichkeit zwischen beiden begründen. Medizin und Gesundheitswesen unterscheiden sich erstens durch die Ziele, denen sie dienen, und zweitens durch die Art und Weise, wie sie ihre Ziele zu erreichen suchen.

Was zunächst die Ziele betrifft, so gibt es teils Überschneidungen, teils Unterschiede. So könnte man sagen, dass ganz allgemein der Medizin und dem Gesundheitswesen das Ziel der Verbesserung der Gesundheit der Bevölkerung gemeinsam ist. Doch gibt es auch Ziele, die nur für die Medizin oder nur für das Gesundheitswesen gelten. So ist die Ausrichtung am Wohl des individuellen Patienten spezifisch für die Medizin. Umgekehrt sind die Gewährleistung der Finanzierbarkeit und die Sicherstellung des Solidaritätsprinzips Aufgaben des Gesundheitswesens und nicht der Medizin. Auch Gerechtigkeit ist ein Ziel des Gesundheitswesens und nicht ein Ziel der Medizin. Zwar gilt Gerechtigkeit innerhalb der Medizin-*Ethik* als eines ihrer vier leitenden Prinzipien.[2] Doch gehört Gerechtigkeit nicht zu den Zielen der *Medizin*, sondern zu den Forderungen, die die Medizin, um ihre Ziele erreichen zu können, an das Gesundheitswesen und die Politik stellen muss. Wenn der Arzt einem Patienten hilft ohne Ansehen von dessen Person und sozialem Status, dann tut er das nicht, um ein Gerechtigkeitsprinzip zu verwirklichen, sondern weil es sein Auftrag ist, jedem zu helfen, der medizinische Hilfe braucht. Damit er dies kann, bedarf es eines Gesundheitswesens, das allen Bürgerinnen und Bürgern unabhängig von ihrer sozialen Situation eine hinreichende medizinische Versorgung ermöglicht.

Was nun das zweite Unterscheidungskriterium betrifft, so will ich von einer Definition von F. Gutzwiller und O. Jeanneret ausgehen, wo-

---

[2] T. L. Beauchamp, J. F. Childress: Principles of Biomedical Ethics, ⁴1994.

nach sich das Gesundheitswesen bestimmen lässt als die «Gesamtheit der Einrichtungen und Massnahmen zur Gesundheitsförderung bzw. zur Krankheitsverhütung, Diagnostik und Behandlung von Gesundheitsstörungen, Krankheit und Unfall sowie zur nachfolgenden Rehabilitation».[3] Zweifellos gehört die Medizin gemäss dieser Definition zum Gesundheitswesen. Worin unterscheidet sie sich dann aber von anderem, das zum Gesundheitswesen gehört? Zum einen durch ihre spezifischen Ziele. Aber das genügt als Kriterium nicht. Das zeigt sich an der Diskussion darüber, ob bestimmte Heilmethoden als *medizinische* Anerkennung finden sollen oder nicht. Hier geht es um die Frage, was bei gleichen Zielen – Heilung – die Medizin von anderem unterscheidet, also um die Art und Weise, wie sie diese Ziele zu erreichen sucht. Die traditionelle Antwort auf diese Frage ist, dass die Medizin ein Zweifaches ist: erstens ist sie *Wissenschaft* (lat. *scientia*) und zweitens *«Kunst»* (lat. *ars*) im Sinne der gekonnten Anwendung medizinisch-wissenschaftlichen Wissens im ärztlichen Handeln.

Einerseits also gewinnt die Medizin in der Vielfalt ihrer Disziplinen und praktischen Tätigkeiten ihre Einheit von den Zielen her, denen sie dient. Forschungen sind medizinische, wenn und insoweit sie um dieser Ziele willen erfolgen. Abgesehen von diesen Zielen fallen sie in das Gebiet der jeweiligen theoretischen Wissenschaften (Chemie, Biologie usw.). Dasselbe gilt für die praktischen Tätigkeiten, in denen medizinisches Wissen zur Anwendung kommt. Sie sind medizinische, wenn und insoweit sie an den Zielen der Medizin orientiert sind, im Unterschied zur nichtmedizinischen Verwendung medizinischen Wissens (z. B. Folter). Auf der anderen Seite reicht die blosse Zielbestimmung nicht aus, um die Medizin von anderen Formen des Heilens abzugrenzen. Daher muss, was die moderne Medizin betrifft, ihr Doppelcharakter als Wissenschaft und wissenschaftsbasierte Kunst als zweites Kriterium hinzukommen. Sich dieser beiden Kriterien zu vergewissern, ist für die moderne Medizin angesichts der Herausforderungen, denen sie gegenwärtig ausgesetzt ist, absolut essentiell. Ob etwas Medizin ist oder nicht, was als Medizin anzuerkennen ist oder nicht, ob die Medi-

---

[3] F. Gutzwiller, O. Jeanneret (Hg.): Sozial- und Präventivmedizin. Public Health, 1996, 235. Es muss in dem Zitat wohl heissen: «... Massnahmen zur Gesundheitsförderung bzw. zur Krankheitsverhütung...».

zin bei dem, was unter ihrem Namen geschieht, bei ihrer Aufgabe ist oder sich in Anderem verliert, hängt von der Bestimmung dieser Kriterien ab. Und ebenso ist eine Beurteilung von aktuellen Entwicklungen innerhalb der Medizin gar nicht möglich ohne eine vorgängige Bestimmung dieser Kriterien.

Es sei noch ein anderer Grund genannt, der die Notwendigkeit sich dieser Kriterien zu vergewissern unterstreicht. Es ist im Zuge der aktuellen Reformbestrebungen viel die Rede vom notwendigen Dialog zwischen Medizin und «Gesellschaft». In der Tat hängt die weitere Entwicklung der Medizin in hohem Masse von ihrer gesellschaftlichen Akzeptanz ab, und insofern muss sie den Dialog suchen. Doch kann sie dabei nur dann einen eigenen Part spielen, wenn sie sowohl eigene Ziele als auch ein eigenes sowohl wissenschaftliches als auch praktisch ausgerichtetes Ethos einzubringen hat. Nur dann besitzt sie eine hinreichende Resistenz gegenüber der Gefahr, für beliebige gesellschaftliche Erwartungen funktionalisiert zu werden. Für das Gesundheitswesen als politische Institution ist es legitim, sich auch an gesellschaftlichen Erwartungen zu orientieren und diese nach Möglichkeit zu bedienen. Aber dies kann kein Ziel sein, an dem die Medizin sich ausrichten könnte. Was als Medizin zu gelten hat und was nicht und was die Aufgaben der Medizin sind, das lässt sich so wenig wie bei irgendeiner andern Wissenschaft von der Demoskopie abhängig machen.

Aus diesen Überlegungen ergibt sich im Hinblick auf die Frage der Orientierung oder Neuorientierung der Medizin eine bestimmte *methodische* Vorgehensweise:

1. Die Bestimmung eines *normativen* Medizinbegriffs über
   a) die Definition der konstitutiven Ziele der Medizin und
   b) die Klärung des Verständnisses der Medizin in ihrer zweifachen Ausrichtung als Wissenschaft und als Kunst.
2. Die Identifikation der Probleme der gegenwärtigen Medizin im Lichte dieses normativen Medizinbegriffs.
3. Die Identifikation der Ursachen für diese Probleme. Dabei ist zu unterscheiden zwischen
   a) medizininternen Ursachen, d. h. Fehlorientierungen der Medizin selbst, gemessen an dem zugrunde gelegten normativen Medizinbegriff,

b) medizinexternen Ursachen wie Fehlorientierungen im Gesundheitswesen – z. B. in Gestalt fragwürdiger Anreizsysteme –, die problemgenerierende Auswirkungen auf die Medizin haben.

Wenn man von einer Reform oder Neuorientierung der Medizin spricht, dann betrifft dies die Punkte 1, 2, und 3a). 3b) hingegen sagt etwas darüber aus, welche *Forderungen* die Medizin an das Gesundheitswesen richten muss, damit Reformbestrebungen innerhalb der Medizin eine Chance haben. Aus der Perspektive der Medizin sollte also das Gesundheitswesen strikt als ein medizinexternes System gesehen werden, an das die Medizin auf Grund ihrer eigenen Ziele und Aufgaben bestimmte Erwartungen und Forderungen richten muss.

2. These:
Es kennzeichnet die gegenwärtige Situation der Medizin, dass die normativen Kriterien, die für die Beurteilung von Entwicklungen innerhalb der Medizin vorausgesetzt werden müssen, nicht einfach gegeben sind, sondern in einem fortwährenden Verständigungsprozess stets aufs Neue aufgesucht und definiert werden müssen. Wenn man diesbezüglich von einer «Orientierungskrise» der Medizin spricht, dann wird diese in Zukunft permanent sein.

Die These greift Überlegungen des Hastings-Reports[4] auf. Dieser sucht die normativen Kriterien für die Beurteilung der gegenwärtigen Medizin in den Zielen auf, denen die Medizin dient und dienen sollte. Das entspricht dem hier skizzierten Verständnis der Medizin. Die entscheidende Frage ist dabei, ob man von Zielen ausgehen kann, die der Medizin als solcher kulturinvariant *inhärent* sind, oder ob der Medizin ihre Ziele *von aussen* vorgegeben sind durch die jeweilige Kultur und Gesellschaft, in der sie ausgeübt wird. Der Hastings-Report versucht eine mittlere Position einzunehmen. Einerseits wird betont, dass «a medicine that has no inner direction or core values will be too easily victimized and misused by society»[5]. Andererseits wird festgestellt, dass diese innere Ausrichtung der Medizin in verschiedenen Gesellschaften

---

[4] Hastings Center: The Goals of Medicine. Setting New Priorities, 1996.
[5] AaO. 7.

und Kulturen unterschiedlich interpretiert werden kann und dass deshalb die Ziele der Medizin nur in einem «open and ongoing dialogue between medicine and society» aufgefunden werden können.

Der Hastings-Report versucht in dieser Situation einen Kernbestand von Zielen zu definieren, an denen die Medizin in globalem Massstab über alle kulturellen und nationalen Unterschiede hinweg orientiert bleiben sollte.

3. These:
Auf einer sehr allgemeinen Ebene lässt sich im Anschluss an den Hastings-Report folgender Kernbestand von Zielen der Medizin bestimmen:
1. *die Krankheits- und Unfallprävention und die Förderung und Erhaltung der Gesundheit;*
2. *die Bekämpfung von Schmerzen und Leiden, welche durch eine Krankheit verursacht sind;*
3. *die Versorgung («care») und Heilung der Kranken, und die Versorgung der nicht Heilbaren;*
4. *das Verhindern eines vorzeitigen Todes und das Streben nach einem friedvollen Tod.*[6]

Der Verständigungsprozess, der im internationalen Massstab dem Hastings-Report vorausgegangen ist, beweist, dass diese Ziele in hohem Masse konsensfähig sind. Dafür sind sie sehr allgemein gehalten. Sie gewinnen ihre spezifischen Konturen erst durch das, was sie problematisieren. Ich nenne einige wichtige Punkte, die im Hastings-Report angesprochen werden:

- das Ungleichgewicht zwischen Krankheitsbekämpfung einerseits und Gesundheitsförderung und Prävention andererseits;[7]
- Defizite bei der Bekämpfung von Schmerz und bei der Linderung des seelischen Leidens, das durch eine Krankheit verursacht wird;[8]

---

[6] AaO. 9ff.
[7] AaO. 10.
[8] AaO. 11f.

- die Geringerbewertung seelischer Krankheit gegenüber körperlicher Krankheit;
- die Vernachlässigung der fürsorgenden und begleitenden Aufgabe der Medizin («care»), der besonders in einer alternden Gesellschaft mit chronischen Erkrankungen Bedeutung zukommt;
- die kostspielige Tendenz zur Lebensverlängerung um jeden Preis mit den Mitteln der modernen Medizin.

Aus dieser Diagnose ergeben sich Zielsetzungen für eine Neuorientierung der Medizin, von denen hier genannt seien:

- Die stärkere Orientierung der medizinischen Forschung an einem «biopsychosozialen» Modell anstelle der einseitigen Orientierung am biomedizinischen Modell;
- deutlich verstärkte Investitionen in die epidemiologische Forschung;
- eine bessere Koordination zwischen Medizin und öffentlichem Gesundheitswesen und klarere Prioritätensetzung in Letzterem;
- die verbesserte Integration von medizinischen und sozialen Wohlfahrtsdiensten;
- eine medizinische Ausbildung, die nicht einseitig am «Diagnose-Therapie-Modell» orientiert ist, das zu einer Verzerrung der Arzt-Patienten-Beziehung führt, sondern die Aufgabe der fürsorgenden Begleitung und der Gesundheitsförderung und Krankheitsprävention einbezieht.

Die Festlegung von Zielen der Medizin ermöglicht es, bestimmte Verwendungsweisen medizinischen Wissens aus dem eigentlichen Aufgabenbereich der Medizin auszuschliessen. Der Hastings-Report unterscheidet diesbezüglich zwischen

- dem akzeptablen nichtmedizinischen Gebrauch von medizinischem Wissen (Familienplanung, der Gebrauch medizinischen Wissens im Kontext von Rechtsprechung und Kriminologie),
- dem unter gewissen Umständen akzeptablen Gebrauch medizinischer Möglichkeiten (die nicht von vornherein als unzulässig auszuschliessende Behebung genetischer Defekte und «Verbesserung» menschlicher Eigenschaften),

- dem inakzeptablen Gebrauch medizinischen Wissens und medizinischer Möglichkeiten (z. B. erzwungene genetische Reihenuntersuchungen oder Abtreibungen).

4. These:

Viele der diagnostizierten Probleme der heutigen Medizin lassen sich zurückführen auf ein Spannungsverhältnis und Ungleichgewicht zwischen ihrer Ausrichtung auf wissenschaftlich-technische Effizienz bei der Bekämpfung von Krankheiten und der Orientierung am Wohl des individuellen Patienten.

Es geht um das Verhältnis zwischen Medizin als Wissenschaft und Medizin als Kunst im Sinne der gekonnten Anwendung medizinisch-wissenschaftlichen Wissens im ärztlichen Handeln. Diese Unterscheidung ist für das Verständnis der Medizin grundlegend, und sie sei daher im folgenden etwas näher beleuchtet.

Als Wissenschaft ist die Medizin der Prototyp einer *praktischen* Wissenschaft, die ihre Einheit in der Vielfalt ihrer Disziplinen von den Zielen her gewinnt, auf die sie gerichtet ist. Diese Ziele sind die Erkennung, Bekämpfung und Heilung, Linderung sowie Verhütung von körperlicher und psychischer Krankheit. Die Medizin als Wissenschaft steht in einer *instrumentellen* Beziehung zu diesen Zielen. Sie stellt Mittel bereit – diagnostische, therapeutische, präventive – zu deren Erreichung. Dieser instrumentelle Charakter wird durch die naturwissenschaftliche Ausrichtung der modernen Medizin verstärkt. Die Medizin als Wissenschaft folgt einer instrumentellen Rationalität,[9] die sich auf die wissenschaftliche Repräsentation von Krankheit[10] und auf

---

[9] Vgl. zur Kritik einer einseitig an dieser Rationalität orientierten Medizin M. Pawelzik: Krankheit, das gute Leben und die Krise der Medizin, 1999.

[10] Gemeint ist die Repräsentation als *desease* im Sinne der *desease/illness*-Unterscheidung von Boorse. C. Boorse: On the Distinction Between Desease and Illness, Philosophy and Public Affairs, 1975, 49-68. Der Ausdruck ‹wissenschaftliche Repräsentation› ist in dem Sinne zu verstehen, dass dem subjektiven Krankheitsempfinden des Patienten ein wissenschaftlich ausgewiesenes Krankheitsmodell – Infektion, Funktionsstörung usw. – zugeordnet wird, an welchem sich dann die wissenschaftlichen Strategien der Krankheitsbekämpfung orientieren.

die Bereitstellung effizienter Mittel für deren Bekämpfung bezieht. Diese ist zu unterscheiden von einer evaluativen Rationalität,[11] die die Vernünftigkeit der angestrebten bzw. anzustrebenden Ziele reflektiert.

Wird Medizin als Kunst aufgefasst, dann sind dabei das ärztliche Handeln und die Interaktion zwischen Arzt und Patient im Blick. Ist der Gegenstand der medizinischen Wissenschaft der Körper und die Psyche, so ist der Bezugspunkt der medizinischen Kunst die *Person* des Patienten, die sich von ihrem Leib und ihrer Psyche unterscheidet und gleichwohl mit diesen eine Einheit bildet.[12] Ist aus der Perspektive der medizinischen Wissenschaft der Patient ein «Fall» einer bestimmten Krankheit, so ist er für die medizinische Kunst ein unverwechselbares Individuum. Ist das Ziel der medizinischen Wissenschaft die Bekämpfung von *Krankheit*, so ist das Ziel der medizinischen Kunst das *Wohl* des Patienten als Person. Als diagnostisches und therapeutisches Bemühen des Arztes hat die medizinische Kunst einerseits ebenfalls instrumentellen Charakter im Hinblick auf dieses Ziel. In dieser Beziehung stützt sie sich auf die Erkenntnisse und Techniken, die die medizinische Wissenschaft bereitstellt. Andererseits aber gibt es auch Ziele, für die das ärztliche Handeln nicht Mittel ist, sondern die *im Vollzug* ärztlichen Handelns (z. B. «care») und *in der Kommunikation* zwischen Arzt und Patient (z. B. Verantwortungspartnerschaft s. u.) realisiert werden. Mit einer auf Aristoteles zurückgehenden Unterscheidung kann man hier vom ärztlichen Handeln einerseits als *Poiesis* sprechen, die ihr Ziel ausserhalb ihrer selbst hat und zu diesem in einer Zweck-Mittel-Relation steht, und andererseits als *Praxis*, die ihr Ziel in ihrem Vollzug realisiert. Mit diesem zweiten Aspekt hängt das traditionelle Tugendethos der Medizin zusammen. Für den Erfolg des ärztlichen Handelns bedarf es nicht nur medizinischer Fertigkeiten und Kenntnisse, sondern auch einer bestimmten Haltung, mit der der Arzt dem Patienten begegnet und über die er die Einstellung und Haltung des Patienten zu seiner Gesundheit und Krankheit mitbeeinflusst.

---

[11] N. Rescher: A System of Pragmatic Idealism, 1993.

[12] R. Spaemann: Personen. Versuche über den Unterschied zwischen ‹etwas› und ‹jemand›, 1996. Der Patient ist nicht identisch mit seiner leib-psychischen «Natur», sondern er «hat» diese Natur und kann und muss sich zu dieser verhalten.

Für den Erfolg der medizinischen Wissenschaft ist die adäquate (natur-)wissenschaftliche Repräsentation der Krankheit, die zu bekämpfen ihr Ziel ist, sowie der dazu geeigneten Mittel entscheidend. Für den Erfolg der medizinischen Kunst ist demgegenüber entscheidend, dass in der Kommunikation zwischen Arzt und Patient herausgefunden wird, worin jeweils das Wohl des Patienten – als das hier anzustrebende Ziel – besteht und was diesem Wohl dient. Das lässt sich nicht rein wissenschaftlich definieren, vielmehr gehen hier individuelle Wertgesichtspunkte seitens des Patienten ein. Und es lässt sich unter den Bedingungen des modernen Individualismus und Pluralismus auch nicht in einer für alle gleichermassen gültigen Weise standardisieren. Dem Arzt fällt hier die Aufgabe zu, dem Patienten dabei zu helfen, von seinem Selbstverständnis und seinen Werthaltungen her ein Verhältnis zu seinem defizienten Leib oder seiner defizienten Psyche und den ihm verbleibenden Lebensperspektiven zu finden als Voraussetzung für eine in eigener Einsicht gründende Entscheidung darüber, welchen medizinischen Eingriffen er (noch) zustimmen will und welchen er nicht (mehr) zustimmen will. Hier also geht es um evaluative Rationalität in bezug auf die Vernünftigkeit (noch oder nicht mehr) anzustrebender Ziele auf dem Hintergrund der Werthaltungen des Patienten. Während der medizinischen Wissenschaft – abgesehen von äusseren Grenzen der Finanzierbarkeit – im Prinzip keine Grenzen des Erforschbaren und Machbaren gesetzt sind, wird bei der ärztlichen Kunst die Poiesis ärztlichen Handelns gesteuert und begrenzt durch die Praxis der Kommunikation zwischen Arzt und Patient und durch die für diese leitenden Wertgesichtspunkte – im idealen Fall.

Ärztliche Kunst im Sinne der gekonnten Anwendung medizinischen Wissens steht damit unter einem zweifachen Kriterium: Sie muss gekonnt sein im Hinblick auf die kompetente Anwendung dieses – diagnostischen, therapeutischen, palliativen – Wissens; und sie muss gekonnt sein im Hinblick auf das dabei verfolgte Ziel in Gestalt des Wohles des individuellen Patienten. Das bedeutet, dass medizinische Kunstfehler nicht nur in der falschen oder mangelhaften Anwendung medizinischen Wissens bestehen, sondern auch darin, dass das Ziel verfehlt wird, auf das die ärztliche Kunst gerichtet ist.

Die gegebene Charakterisierung macht deutlich, dass und warum es zwischen der Medizin als Wissenschaft und der Medizin als Kunst zu Spannungen kommen kann. Ein Grossteil des Unbehagens gegenüber der heutigen Medizin richtet sich gegen die einseitige Betonung wissenschaftlich-technischer Effizienz und gegen die Vernachlässigung jener Aufgaben, die der Medizin als Kunst obliegen.

Exemplarisch hierfür sind folgende Feststellungen, mit denen Pawelzik die «Orientierungskrise der Medizin» umreisst:

- Die moderne Medizin operiert krankheits- (oder organ-), nicht patientenzentriert. Sie behandelt nicht den ganzen Menschen, sondern dessen Organe.
- Der Schwerpunkt der medizinischen Behandlungspraxis liegt auf technischen Interventionen. Der empathische, interpersonale Diskurs spielt nur eine untergeordnete, als unwesentlich erachtete Rolle.
- Das Erleben und Leiden des Patienten wird damit zu einer *quantité negligeable*. Als Ziel und Erfolgsmassstab der medizinischen Behandlung dienen nicht die introspektiven Urteile des Patienten, sondern objektivierbare physiologische Parameter.
- Medizinischer Fortschritt ist nur um den Preis eines hocharbeitsteiligen Spezialistentums zu erzielen. Als Patient sieht man sich folglich zunehmend Fachleuten gegenüber, die sich nur für bestimmte Frage- und Aufgabenstellungen zuständig erklären. So kann es passieren, dass ‹schwierige Fälle› von einem Spezialisten zum nächsten weiter gereicht werden, ohne dass sich jemand mit dem Patienten über Sinn und Unsinn fortgesetzter Konsultationen auseinandersetzt. Wer, so muss gefragt werden, ist angesichts der fortgeschrittenen Spezialisierung für einen Gesamtbehandlungsplan verantwortlich, insbesondere wenn der Patient mit der Beurteilung der Spezialangebote überfordert ist? Mit wem soll er über seine Fragen, Ängste und Zweifel sprechen?
- Folge dieser und ähnlicher Probleme ist eine besondere Form iatrogener Schädigung des Patienten: Dieser leidet zusätzlich an der (Heil-) Behandlung durch eine als anonym und teilnahmslos erlebte ‹Apparatemedizin›.
- Ein weiteres Problem betrifft den Erwartungshorizont unserer individualistischen, sich am Ideal uneingeschränkter Selbstverwirklichung orientierenden Gesellschaft. Die spektakulären Erfolge der Medizin sowie der von ihr verbreitete Fortschrittsoptimismus haben

unrealistische und darum unerfüllbare Erwartungen in bezug auf die mit Hilfe der Medizin zu erreichende Lebensdauer und Lebensqualität geweckt. Diese Erwartungen sowie die damit einhergehende Abnahme der individuellen Leidensbereitschaft erzeugen Ansprüche, die zwangsläufig enttäuscht werden müssen.

[...]

- Immer mehr Patienten stimmen angesichts einer als verständnislos erlebten Medizin mit den Füssen ab: Sie wenden sich paramedizinischen Heilern zu, bei denen sie oft mehr Unterstützung erfahren. Nach langen Wegen durch die medizinischen Instanzen gelingt es darüber hinaus vielen Betroffenen erst in Selbsthilfegruppen oder -organisationen die erforderliche solidarische Unterstützung sowie den Weg zu einer effektiven Krankheitsbewältigung zu finden.[13]

Man könnte geneigt sein, angesichts der aufgeführten Probleme von einem Zielkonflikt zu sprechen zwischen dem Ziel einer effizienten Bekämpfung von Krankheit mit wissenschaftlichen Mitteln und dem Ziel des Wohls des Patienten als Aufgabe ärztlicher Kunst. Doch besteht hier kein wirklicher Zielkonflikt. Denn auch die medizinische Wissenschaft und ihre Anwendung geschieht ja letztlich im Interesse des *Wohls* Gesunder und Kranker. Es ist sehr zu fragen, ob man die diagnostizierten Probleme und bestehenden Ungleichgewichte dem «Wesen» der modernen, naturwissenschaftlich ausgerichteten Medizin zuschreiben sollte – was dann in der Tat der Abwanderung zu alternativen Heilern eine starke Rechtfertigung geben würde – oder ob man sie nicht besser einer Entwicklung zuschreiben sollte, welche die Medizin *faktisch* genommen hat und die im Prinzip korrigierbar ist. Die Korrektur müsste darin bestehen, die Anwendung medizinischen Wissens und Könnens konsequenter am Ziel der medizinischen Kunst zu orientieren und sie von diesem her zu begrenzen, wo immer dies angezeigt ist. Viel kommt dabei auf die Einsicht an, dass das «Wohl» des Patienten – als der letzte und eigentliche Grund für die Bemühungen sowohl der medizinischen Wissenschaft als auch der medizinischen Kunst – keine rein wissenschaftlich definierbare und realisierbare, sondern eine nur im Rahmen der Arzt-Patienten-Beziehung auszumessende Zielgrösse ist.

---

13 Pawelzik, aaO. 7f.

Dieser Beziehung sollte daher das ihr gebührende Gewicht beigemessen werden. Im Rahmen dieser Beziehung ist die Anwendung medizinischen Wissens und Könnens so zu gestalten, dass der individuelle Patient und mit seiner je spezifischen Bedürftigkeit der Bezugspunkt medizinischen Handelns bleibt.

5. These:
In die Bestimmung der Ziele der Medizin müssen die Einstellungen und Werthaltungen einbezogen werden, die den Umgang mit Gesundheit und Krankheit bestimmen oder bestimmen sollten. Denn die Medizin ist nicht ohne Einfluss auf diese Einstellungen. Ein mögliches Ziel ist unter den Bedingungen der heutigen und zukünftigen medizinischen Möglichkeiten und auf dem Hintergrund des gesellschaftlichen Potentials an Einstellungen und Werthaltungen die Realisierung einer Verantwortungspartnerschaft zwischen Arzt und Patient, die sich auf den Umgang mit gesundheitlichen Risiken und auf die Deutung, Heilung und Bewältigung von Krankheit bezieht.

Die im Hastings-Report formulierten vier Ziele abstrahieren von kulturellen und gesellschaftlichen Besonderheiten. Für die Umsetzung dieser Ziele – etwa des Ziels der Förderung und Erhaltung der Gesundheit – aber kommt dem kulturellen und gesellschaftlichen Kontext und den darin verwurzelten Einstellungen und Werthaltungen entscheidende Bedeutung zu. Die Förderung und Verstärkung bestimmter Einstellungen, die der Gesundheit und einem angemessenen Umgang mit Krankheit dienlich sind, muss daher selbst zu den Zielen der Medizin gehören.

Es macht in diesem Zusammenhang Sinn, dem traditionellen, auf die Praxis der Arzt-Patienten-Interaktion bezogenen ärztlichen Tugendethos verstärkte Aufmerksamkeit zuzuwenden.[14] Der Arzt beeinflusst den Patienten nicht nur durch Information und Beratung, sondern auch durch die Haltung, mit der er dem Patienten begegnet und von der sich etwas auf den Patienten überträgt in Gestalt von Vertrauen, Bereitschaft zur *compliance* usw. Die Frage ist, an welchen Tugenden die Arzt-Patienten-Interaktion unter den Bedingungen heutiger Medizin

---

[14] Vgl. H. P. Wolff, Arzt und Patient, in: H.-M. Sass (Hg.), Medizin und Ethik, 1998, 184-211.

und in Anbetracht der gesellschaftlich vorhandenen Potentiale an Einstellungen und Werthaltungen ausgerichtet sein soll. Hier bietet sich das
Leitbild einer Verantwortungspartnerschaft zwischen Arzt und Patient
an.[15] Es trägt einerseits dem gewandelten Verhältnis von Arzt und
Patient Rechnung, wie es sich aufgrund des Postulats der Selbstbestimmung und Autonomie des Patienten herausgebildet hat, und kann mit
dem Gedanken der Verantwortung an eine auch in anderen Lebensbe-
reichen akzeptierte wichtige Leitorientierung anknüpfen. Und es trägt
andererseits der Tatsache Rechnung, dass die Medizin mit ihren diagnostischen und therapeutischen Möglichkeiten vom Patienten heute
schon und verstärkt noch in Zukunft einen bewussten Umgang mit
seinen individuellen Risiken und mit den ihm angebotenen Möglichkeiten therapeutischer Hilfe verlangt, wozu er auf den Rat des ärztlichen Experten angewiesen ist. Verantwortungspartnerschaft bedeutet,
dass Gesundheit und der Umgang mit Krankheit zum gemeinsamen
«Projekt» von Arzt und Patient werden. Der Patient wird dadurch in
eine von ihm bewusst wahrzunehmende Verantwortung eingebunden.
Dabei verschieben sich die Gewichte gegenüber dem herkömmlichen
Arzt-Patienten-Verhältnis. Insbesondere durch die molekulargenetischen
Entwicklungen in der langfristigen Prädiktion wird «der Arzt ... neben
seiner Rolle als Krisenmanager mehr und mehr die Rolle des Beraters
und Begleiters in der selbstverantworteten Gesundheitspflege des Patienten übernehmen. ... Gesellschaftspolitisch und auch arztethisch wird
die Verbesserung der Rahmenbedingungen für Gesundheitsmündigkeit
und Gesundheitsverantwortung Priorität bekommen.
    Damit ändern sich auch die Subjekte der Verantwortung in der tra-
ditionellen Arzt-Patienten-Interaktion. Wenn es um Vermeidung von
lebensstil- und arbeitsplatzbedingten Risiken und solchen aus dem genetischen Erbe geht, dann wird der Mediziner zum Berater und der
Patient (besser: der Bürger als potentieller Patient) zum primären Hand-
lungs- und Verantwortungssubjekt. Nicht mehr Einwilligung in pater-

---

15 H.-M. Sass: Medizinethik, in: A. Pieper, U. Thurnherr (Hg.), Angewandte Ethik. Eine Einführung, 1998. Zu unterschiedlichen Modellen des Arzt-
Patienten-Verhältnisses vgl. B. Schöne-Seifert: Medizinethik, in: J. Nida-
Rümelin, Angewandte Ethik. Die Bereichsethiken und ihre theoretische Fundierung, 1996, 592-648, 594ff.

nalistische ärztliche Entscheidungen und solidarische Finanzierung von Krankheitskosten, sondern Selbstbestimmung nach Information und Beratung durch den Mediziner und eine differenziert nach den drei Kriterien Verantwortung, Solidarität und Subsidiarität finanzierte Gesundheitsvorsorge sind primäre bioethische Tugenden des Bürgers und die ordnungsethischen Parameter im Szenarium der Gesundheitsvorsorge.»[16]

6. These:
Es stünde im Widerspruch zu den Zielen der Medizin, würde man angesichts der Krise des Gesundheitswesens einseitig auf ökonomische Mechanismen setzen. Das Marktmodell lässt sich weder auf das Arzt-Patienten-Verhältnis noch auf die Solidargemeinschaft der Versicherten abbilden.

Was das Arzt-Patienten-Verhältnis betrifft, so dürfte mit den Ausführungen zur Medizin als ärztlicher Kunst deutlich geworden sein, dass dieses in vielen, wenn nicht den meisten Fällen, insbesondere wenn es um schwere Erkrankungen und um damit verbundene Entscheidungen geht, einen anderen Charakter hat als die Beziehung zwischen einem Anbieter und einem Nachfrager medizinischer Dienstleistungen. Vielmehr ist für dieses Verhältnis ein bestimmtes Ethos konstitutiv, für das mehr erfordert ist als das blosse Verfolgen des Eigeninteresses.

Was die Solidargemeinschaft der Versicherten betrifft, so ist diese von einer Kooperationsgemeinschaft zu unterscheiden. «Unter einer Kooperationsgemeinschaft versteht man ein allseits nützliches System der Arbeitsteilung und gesellschaftlichen Zusammenarbeit zum wechselseitigen Vorteil», unter einer Solidargemeinschaft «hingegen ein kompensatorisches System der wechselseitigen gesellschaftlichen Sorge, die insbesondere den Bedürftigen und Schwachen gilt».[17] Solidargemeinschaften «therapieren die Versorgungsmängel und Ungleichheitsopfer von Kooperationsgemeinschaften; insbesondere kompensieren sie die sozialen

---

16 Sass, aaO. 96.
17 W. Kersting: Gerechtigkeit und Medizin, in: ders., Recht, Gerechtigkeit und demokratische Tugend. Abhandlungen zur praktischen Philosophie der Gegenwart, 1997, 178.

Defizite der effizientesten Kooperationsgemeinschaft, die Menschen bisher entwickelt haben, des kompetitiven Marktes».[18]

Wie immer es sich mit der Frage kulturinvarianter Ziele der Medizin verhalten mag: Zumindest im westlichen Kulturkreis hat die Medizin ein Ethos, für welches das Wohl des individuellen Patienten im Zentrum steht, unabhängig von dessen sozialer Situation und finanzieller Leistungsfähigkeit. Insofern muss sie qua Medizin ein Interesse daran haben, dass das Modell der Solidargemeinschaft in der gegenwärtigen Debatte über die Probleme des Gesundheitswesens nicht schleichend in Frage gestellt wird. Andererseits muss sie um der Erhaltung und Finanzierbarkeit dieses Modells willen ebenso ein Interesse daran haben, die Verantwortung des Bürgers für seine Gesundheit zu stärken. Gegenüber nur ökonomischen Anreizen verdient diesbezüglich die Hinwirkung auf ein entsprechendes Gesundheits- und Patientenethos[19] den Vorzug, da dieser Weg mit dem Wesen und den Zielen der Medizin besser kompatibel ist.

---

[18] AaO. 179.
[19] Sass, aaO. 81.

Moralische Urteilsbildung im Bereich der Bioethik

I.

Die Bioethik wirft spezifische Fragen der moralischen Urteilsbildung auf. Besonders einflussreich ist in methodologischer Hinsicht das inzwischen in vierter Auflage erschienene Buch von Beauchamp und Childress «Principles of Biomedical Ethics»[1] gewesen. Die Autoren gehen von vier Prinzipien aus, die für die Urteilsbildung in der Bioethik massgebend sind: 1. das Fürsorgegebot, 2. das Nichtschadensgebot, 3. die Patientenautonomie, 4. das Gerechtigkeitsgebot. Diese Prinzipien können auf allgemeine Anerkennung rechnen und eignen sich daher in einem ganz pragmatischen Sinne als normative Basis für die Verständigung in bioethischen Fragen. Und sie decken offenbar die meisten Entscheidungen ab, mit denen es der Arzt zu tun hat.

Doch gilt das bei Weitem nicht für alle Entscheidungen, die auf dem Gebiet der Bioethik zu treffen sind. Für die Beantwortung der moralisch relevanten Frage etwa, ob der sogenannte Hirntod gleichzusetzen ist mit dem Tod des Menschen, lässt sich aus diesen Prinzipien nichts gewinnen. Dasselbe gilt für die Frage nach dem moralischen Status des menschlichen Embryos. Fragen wie diese machen Überlegungen von grundsätzlicherer Art notwendig. Hier stehen Prinzipien und Kriterien nicht schon zweifelsfrei zur Verfügung, um gleichsam nur noch angewendet zu werden. Vielmehr besteht das Problem darin, allererst Kriterien zu gewinnen, die eine Entscheidung ermöglichen. Auf welchem Wege aber gelangt man zu solchen Kriterien?

Im Folgenden sollen die beiden wichtigsten Wege skizziert werden, die für die Klärung derartiger Fragen von Bedeutung sind. Das eine ist die transzendentale Argumentationsfigur, das andere die Urteilsbildung nach dem Modell des reflektiven Gleichgewichts.

---

[1] T. L. Beauchamp, J. F. Childress: Principles of Biomedical Ethics, ⁴1994.

II.

Die transzendentale Argumentationsfigur zielt darauf ab, dasjenige auf-
zudecken, das wir immer schon lebenspraktisch in Anspruch nehmen
und daher schlechterdings nicht bestreiten können, um daraus normative Konsequenzen abzuleiten. So kann man beispielsweise nach den
transzendentalen Voraussetzungen des moralischen Urteils fragen. Was
setzen wir immer schon voraus, wenn wir moralisch urteilen? Man
könnte hier z. B. folgendermassen argumentieren: Offenbar wird mit
einem moralischen Urteil ein Wahrheits- oder Geltungsanspruch erhoben.[2] Das Erheben eines Geltungsanspruchs aber macht nur Sinn,
wenn es Adressaten gibt, an die sich dieser Anspruch richtet und die
dazu ebenfalls als moralisch Urteilende anerkannt sein müssen. Wo
moralisch geurteilt wird, ist also immer schon ein auf wechselseitiger
Anerkennung beruhendes Verhältnis zwischen urteilsfähigen Personen
unterstellt. Das wiederum hat gewisse normative Implikationen. Dazu
ist vor allem die Respektierung der Selbstbestimmung des Anderen zu
rechnen.[3] Sie gehört immer schon zum Sinn moralischer Argumentation, insofern diese nicht manipulieren oder Zwang ausüben, sondern
sich an die Einsicht und Vernunft des Anderen wenden will. Hierauf
und auf anderes mehr kann derjenige festgelegt werden, der moralisch
urteilt. Mit der Verletzung dieser normativen Implikationen würde er
dem zuwiderhandeln, was er mit seiner Beteiligung am moralischen
Diskurs faktisch voraussetzt und in Anspruch nimmt.

---

[2] Anders sieht das der sogenannte Emotivismus, eine metaethische Richtung, die die Auffassung vertritt, dass der Sinn moralischer Urteile darin besteht,
Gefühlen Ausdruck zu geben oder die Einstellungen anderer zu beeinflussen.
Vgl. dazu A. J. Ayer: Die praktische Funktion moralischer Urteile, in: D. Birn-
bacher, N. Hoerster (Hg.), Texte zur Ethik, 1997, 55-67. Ein gewichtiges Ge-
genargument gegen den Emotivismus ist, dass es, wenn er recht hätte, eigentlich
keinen Streit in moralischen Fragen geben könnte, da mit dem Urteil «X ist gut
bzw. richtig» gar kein Geltungsanspruch erhoben wird, über den gestritten
werden kann, sondern vielmehr einem Gefühl oder einer Einstellung Ausdruck
gegeben wird. Vgl. dazu P. Schaber: Gibt es auf normative Fragen richtige Antworten?, in: K. P. Rippe (Hg.), Angewandte Ethik in der pluralistischen Gesellschaft, 1999, 131-142.
[3] Vgl. dazu in diesem Buch 23ff.

Die transzendentale Argumentationsfigur ist charakteristisch für die kantische Tradition innerhalb der Praktischen Philosophie. Bei Kant selbst zielt sie auf jene Bedingungen, die intelligible Vernunftwesen vor aller Erfahrung, also jenseits von Raum und Zeit, immer schon in Anspruch nehmen. Demgegenüber tendieren heutige transzendentalphilosophische Ansätze eher dahin, statt auf apriorische Bewusstseinsstrukturen auf die Grundstrukturen der gemeinsamen Lebenswelt und der darin eingebetteten Praxiszusammenhänge zu reflektieren. «Gegenstand der transzendentalen Analyse ist also nicht mehr ein ursprungsloses ‹Bewusstsein überhaupt›, das den gemeinsamen Kern aller empirischen Geister bildet. Vielmehr richtet sich die Untersuchung nunmehr auf tiefsitzende Strukturen des lebensweltlichen Hintergrundes, die sich in den Praktiken und Leistungen sprach- und handlungsfähiger Subjekte verkörpern.»[4]

Der Vorzug der transzendentalen Argumentationsfigur liegt darin, dass sie nicht bei inhaltlichen moralischen Prinzipien ihren Ausgang nimmt, die unter pluralistischen Bedingungen umstritten sein können, sondern dass sie bei etwas anzusetzen sucht, das zur Struktur der gemeinsamen Lebenspraxis gehört und das nicht ohne pragmatischen Selbstwiderspruch bestritten werden kann. In nicht wenigen bioethischen Fragen sind wir darauf zurückgeworfen, uns auf die elementarsten Voraussetzungen zu besinnen, von denen die gemeinsame Lebenspraxis – in der Regel unbewusst – bestimmt und geleitet ist, um von dorther normative Kriterien zu gewinnen. Ganz zentral gehört zu diesen Voraussetzungen die personale Verfasstheit der menschlichen Lebenswirklichkeit, deren bioethische Bedeutung und Plausibilität sich gerade am ärztlichen Handeln aufzeigen lässt.[5] Auch das Personkonzept ist ein transzendentales Konzept, das nicht aus äusserer Beobachtung gewonnen ist, sondern über die Reflexion darauf, wie wir in Interaktionen einander begegnen und einander wahrnehmen.

So wichtig die transzendentale Argumentationsfigur ist, so wenig kann sie eine Garantie bieten für allseits konsensfähige Lösungen bioethischer

---

[4] J. Habermas: Wahrheit und Rechtfertigung. Philosophische Aufsätze, 1999, 19f.

[5] Vgl. in diesem Buch 15ff.

Probleme. Was sie ermöglicht, ist die Ableitung gewisser Kriterien, mit deren Hilfe nach Lösungen gesucht werden kann. Das ist gewiss nicht wenig. Doch scheiden sich die Geister häufig erst bei der problembezogenen Konkretisierung dieser Kriterien. So kann Einigkeit bestehen über die normative Bedeutung des Personkonzepts und gleichzeitig Uneinigkeit darüber, welche Entitäten unter den Begriff der Person fallen und ob z. B. menschliche Embryonen dazu gehören. Für die Klärung dieser Frage müssen Überlegungen anderer Art hinzukommen.

III.

Das Modell des reflektiven Gleichgewichts beschreibt im Grunde nichts Anderes als die Art und Weise, wie unsere Alltagsverständigung über moralische Fragen im Regelfall funktioniert. Das Modell hat den Sinn, durch Bewusstmachung des implizit Gewussten dazu zu befähigen, solche Verständigung gezielt und methodisch zu gestalten. Es versieht uns also nicht mit materialen normativen Prinzipien, sondern mit einem methodischen Verfahren für die Urteilsbildung in moralischen Fragen. Darin unterscheidet es sich von ethischen Theorien wie dem Kantianismus oder dem Utilitarismus, die jeweils ein bestimmtes normatives Prinzip auszuzeichnen suchen, das bei moralischen Entscheidungen massgebend sein soll.

Man versteht das Modell des reflektiven Gleichgewichts am Besten, wenn man ausgeht von der Frage, was das moralische Urteil von Urteilen anderer Art unterscheidet. Wie gleich deutlich werden wird, handelt es sich hierbei um eine ungemein spannende Frage, von der her Licht fällt darauf, wie wir Menschen konstruiert sind. Das betrifft vor allem die Beziehung zwischen dem menschlichen Verstand und der Sphäre des Intuitiven und Vorreflexiven. Man kann zum gegenwärtigen Zeitpunkt sicherlich nicht sagen, dass wir diese Beziehung schon hinreichend verstünden. Innerhalb der Ethik ist man sich nicht einmal darüber einig, was eine Intuition ist, geschweige denn darüber, welche Rolle ihr für das moralische Urteil zukommt. Insofern gibt der folgende Ausflug in Grundfragen der Metaethik nicht eine allgemein anerkannte oder herrschende Meinung wieder. Es handelt sich eher um den Versuch, das Feld zu umreissen, das hier abzustecken und auszumessen ist. Um den Text nicht unnötig zu befrachten, sind die Hinweise auf die einschlägigen metaethischen Positionen in die Anmerkungen verbannt.

Weitgehend einig ist man sich in folgender Feststellung. Das moralische Urteil gibt Rätsel auf insofern, als es nicht aus den beobachtbaren und beschreibbaren Merkmalen der Handlung ableitbar ist, auf die es sich bezieht.[6] Zwei Personen können bezüglich der Beschreibung der Handlung – z. B. als «aktive Sterbehilfe» – völlig einig und gleichwohl hinsichtlich der moralischen Bewertung entgegengesetzter Auffassung sein, ohne dass eine von beiden einen logischen Fehler begeht. Beide aber berufen sich für ihr Urteil auf die Eigenart der Handlung. Wenn jedoch ihre Bewertungen sich gar nicht aus den beschreibbaren Merkmalen der Handlung ableiten lassen, dann scheint dieser Berufung etwas Willkürliches anzuhaften.

Dieser Sachverhalt hat Anlass gegeben zu einer verzweigten metaethischen Debatte. Der Ausdruck ‹Metaethik› bezeichnet die Ebene des Nachdenkens *über* logische und methodische Fragen der Ethik, in unserem Fall also: über die Eigenart des moralischen Urteils und der moralischen Urteilsbildung. In ihrer klassischen Frontstellung, die seither einige Differenzierungen erfahren hat, lassen sich die vertretenen Positionen um die Subjekt-Objekt-Differenz herum gruppieren. Entweder wird der Satz «X ist gut/ schlecht», in dem X eine Handlung bezeichnet, so aufgefasst, dass er eine wahre oder falsche Aussage über den *Gegenstand* – das *Objekt* – X macht. Das ist die Position der sogenannten Kognitivisten. Oder er wird so aufgefasst, dass er ein Gefühl, eine Einstellung oder Beeinflussungsabsicht des urteilenden *Subjekts* zum Ausdruck bringt. Das ist die Position der Nonkognitivisten, die in die Emotivisten und Präskriptivisten[7] unterteilt werden.

Die Debatte zwischen Kognitivismus und Nonkognitivismus war im Wesentlichen sprachanalytisch orientiert. Es ging um die Bedeutung eines solchen Satzes, d. h. um die Frage, was mit ihm zum Ausdruck gebracht wird: ein Urteil mit Wahrheitsanspruch, die Äusserung

---

6 Anderer Auffassung ist der metaethische Naturalismus. Vgl. dazu G. Warnock: Naturalismus, in: G. Grewendorf, G. Meggle (Hg.), Seminar: Sprache und Ethik. Zur Entwicklung der Metaethik, 1974, 341-353.

7 Nach Auffassung der präskriptivistischen Position hat die Aussage «X ist gut» empfehlenden Sinn.

eines Gefühls, ein Appell an die Einstellung anderer oder eine Empfehlung. Doch ist es offensichtlich zweierlei, nach der Bedeutung und Aussageintention eines solchen Satzes zu fragen oder aber zu fragen, was genau X im Blick auf die Handlung «gut» oder «schlecht» sagen lässt.[8] Was diese zweite Frage betrifft, so gibt es die Auffassung, dass moralische Wertungen *Kriterien* voraussetzen, aus denen sich die Wertung ableitet. Diese schlagen die Brücke zwischen «Deskription» und «Präskription», indem sie empirische Charakteristika – z. B. «lügen» – mit bestimmten Wertzuschreibungen – «schlecht» – verknüpfen. Weist eine Handlung eine entsprechende Charakteristik auf, dann fällt sie bei Anlegung eines solchen Kriteriums logisch zwingend unter die betreffende Bewertung.[9] Für diese Auffassung scheint die Art und Weise zu sprechen, wie wir die moralische Bewertung einer Handlung begründen. Tatsächlich nehmen wir dabei implizit oder explizit auf Kriterien dieser Art Bezug, indem wir nämlich auf bestimmte Charakteristika der Handlung hinweisen, die mit der betreffenden Bewertung behaftet sind.

Dennoch lässt sich fragen, ob moralische Urteile in dem Augenblick, in dem sie getroffen werden, stets *aufgrund* derartiger Kriterien getroffen werden, wie sie *ex post* zu ihrer Begründung ins Feld geführt werden. Viele, wenn nicht die meisten unserer Urteile über «gut» und «schlecht» erfolgen spontan. Der Philosoph Gilbert Harman illustriert solch spontane Bewertung anhand des drastischen Beispiels einer Gruppe von Jugendlichen, die dabei sind, eine Katze mit Benzin zu übergiessen und sie anzuzünden. Unvermittelt mit dieser Situation konfrontiert,

---

[8] Zur Kritik der einseitig sprachanalytischen Zugangsweise vgl. J. L. Mackie: Ethik. Die Erfindung des moralisch Richtigen und Falschen, 1981, 17ff.
[9] Vgl. dazu G. Warnock: Naturalismus, in: G. Grewendorf, G. Meggle (Hg.), Seminar: Sprache und Ethik. Zur Entwicklung der Metaethik, 1974, 341-353. Warnock leitet hieraus ein Argument zugunsten der metaethischen Position des Naturalismus ab. Alles Werten setzt nach seiner Auffassung Kriterien voraus, die sich auf Merkmale und Eigenschaften des Bewerteten beziehen. Für das *moralische* Werten sind dabei moralisch relevante Merkmale und Eigenschaften massgebend. Vom Standpunkt der Moral aus zu urteilen heisst also, Kriterien dieser Art zu unterstellen, und das bedeutet, dass das Vorliegen bestimmter empirischer Merkmale und Eigenschaften *logisch zwingend* bestimmte moralische Wertungen nach sich zieht.

müssen wir Harman zufolge nicht erst aufgrund vorausgesetzter Kriterien logisch schliessen, um zu dem Urteil «schlecht» zu gelangen. Wir *sehen* vielmehr, dass dies schlecht ist.[10] Es gibt hiernach so etwas wie eine moralische Wahrnehmung bzw. Perzeption.

Bei dem Bemühen, diese Perzeption genauer zu verstehen, haben einige Autoren vorgeschlagen, moralischen ‹Wert› in Analogie zu sogenannten sekundären Qualitäten zu interpretieren.[11] Bei diesen handelt es sich um Eigenschaften wie z. B. ‹weiss›, die wir an einem Objekt wahrnehmen, ohne dass es diese Eigenschaft an sich, d. h. unabhängig von unserer Wahrnehmung hat. Allerdings hat es eine bestimmte Beschaffenheit, die die auftreffenden Lichtwellen in bestimmter Weise reflektiert und die eben diese Wahrnehmung hervorruft. Insofern handelt es sich bei sekundären Qualitäten nicht bloss um subjektive Projektionen ohne Anhalt an den Dingen selbst. Mag diese Analogie auf den ersten Blick auch vielversprechend sein, so gibt es doch einen offensichtlichen Unterschied: Der Hinweis auf eine sekundäre Qualität fügt der Beschreibung des betreffenden Objekts etwas hinzu, während die moralische Wertung ‹schlecht› die Beschreibung der Handlung und damit die Kenntnis, um welche Handlung es sich handelt – Übergiessen der Katze mit Benzin –, nicht erweitert. Das Sehen, dass etwas schlecht ist, ist offenbar von anderer Art als das Sehen, dass etwas weiss ist.

Hier kann nun eine Überlegung weiterführen, die auf den Unterschied abzielt zwischen der *Beschreibung* einer Handlung und dem *Erleben* einer Handlung, sei dieses real oder in der Vorstellung. In Harmans Katzenbeispiel ist es die erlebte Handlung, mit der wir unvermittelt konfrontiert sind, auf die sich das Wort ‹schlecht› bezieht, und nicht die Handlung, wie sie Gegenstand einer Beschreibung ist. Aus dieser Feststellung lässt sich eine These ableiten, die den Unterschied zwischen moralischer Wahrheit und der Wahrheit deskriptiver Aussagen betrifft. Für Letztere gilt, dass das Urteil ‹p› wahr ist, wenn p. Das Urteil ‹Die Erde ist rund› ist wahr, wenn die Erde rund ist. Moralische Wahrheit wäre demgegenüber in einer anderen Art von Korrespondenz

---

10 G. Harman: Das Wesen der Moral. Eine Einführung in die Ethik, 1981, 14.
11 Vgl. dazu etwa J. McDowell: Values and Secondary Qualities, in: T. Hondrich (ed.), Morality and Objectivity. A Tribute to J. L. Mackie, 1985, 110-129.

begründet, nicht zwischen einem Urteil und einer durch dieses Urteil konstatierten Tatsache, sondern zwischen einem Urteil und etwas, das im Unterschied zu einer Tatsache *keine propositionale Struktur*[12] *hat*, eben der erlebten Handlung. Vordergründig zwar scheint dasselbe zu gelten wie bei der deskriptiven Wahrheit: Das Urteil ‹Das Anzünden von Katzen ist schlecht› ist wahr, wenn das Anzünden von Katzen schlecht ist. Die Frage jedoch ist, wie der Nachsatz zu interpretieren ist, ob als Feststellung einer unabhängig von unserem Bewusstsein bestehenden Tatsache der Schlechtigkeit dieser Handlung, so wie wir mit dem Prädikat ‹rund› die Vorstellung verbinden, dass es der Erde unabhängig von unserem Urteil zukommt, oder im Sinne einer Bedingung, die das *Urteilen* betrifft: Das Urteil ‹Das Anzünden von Katzen ist schlecht› ist wahr, *wenn in Ansehung dieser Handlung geurteilt werden muss*, dass das Anzünden von Katzen schlecht ist. Im zweiten Fall besteht die Wahrheit des Urteils darin, dass es dem adäquat ist, was wir bei dem Ausdruck ‹Anzünden von Katzen› vor Augen haben und was uns als virtuell Erlebende affiziert. Diese Interpretation kann zweierlei erklären. Zum einen macht sie verständlich, warum verschiedene Betrachter derselben Handlung trotz Übereinstimmung in der Beschreibung zu unterschiedlichen Bewertungen gelangen können. Entscheidend für die Bewertung ist nicht die Beschreibung, sondern die Vorstellung und das damit verknüpfte Erlebnismoment, welche durch die Beschreibung evoziert werden, und diese können bei verschiedenen Betrachtern unterschiedlich sein. Zum anderen wird verständlich, warum die moralische Wahrheit, anders als empirische Wahrheiten, nicht durch Beobachtung in Erfahrung gebracht werden kann, obgleich sie in Ansehung einer Handlung oder handlungsrelevanten Situation erkannt wird.[13]

---

12 Propositionen sind Aussagen der Form ‹X ist P›, zum Beispiel: Dieser Stuhl ist weiss. Tatsachen lassen sich als dasjenige verstehen, was wahre Propositionen beschreiben, und insofern haben sie propositionale Struktur. Der hier an dieser Stelle entscheidende Gedanke ist, dass uns in der Unmittelbarkeit des Erlebens die Welt in einer noch nicht propositional strukturierten Weise gegeben ist.

13 Anderer Auffassung ist G. Harman, a.a.O. 14ff. Harman ist der Meinung, dass wir das Schlechtsein einer Handlung beobachten können, da wir doch,

Hat doch Beobachtetes propositionale Struktur. So klänge es höchst merkwürdig, wenn jemand sagen würde, er habe durch Beobachtung herausgefunden, dass das Anzünden von Katzen schlecht ist. Dies unterscheidet moralischen «Wert» von sekundären Qualitäten. Wir können beobachten, dass etwas die Eigenschaft ‹weiss› hat, aber wir können nicht beobachten, dass etwas die Qualität ‹schlecht› hat.

Von dieser Überlegung her erschliesst sich ein Verständnis dessen, was man als moralische *Intuition* bezeichnet. In der englischsprachigen Diskussion werden Intuitionen in der Regel mit den Ausdrücken «jugdment», «conviction» und «belief» bezeichnet. Diese Ausdrücke legen nahe, dass Intuitionen sich auf etwas beziehen, das propositional strukturiert ist: Ich habe die Intuition, dass p. «Each intuition ... is a jugdment ‹that p› for some suitable class of propositions p. An intuitional report is the verbal report of a spontaneous mental jugdment».[14] Kritisch ist hierzu zu fragen, ob Intuitionen nicht, statt selbst Urteile zu sein, etwas sind, das zu Urteilen bewegt und veranlasst. Wären es Urteile, so könnte nach Gründen für diese Urteile gefragt werden. Es steht aber in Spannung zu dem, was wir mit dem Ausdruck ‹Intuition› verbinden, dass Intuitionen begründet werden können. *Ex post* begründet werden können die Urteile, die wir intuitiv fällen, jedoch nicht die

---

wie das Katzenbeispiel zeigt, *sehen* können, dass die Handlung schlecht ist (14). Doch ist ‹Sehen› nicht dasselbe wie ‹Beobachten›. Harman muss seinen Begriff der Beobachtung denn auch sehr weit fassen, um ihn auf moralische Urteile anwenden zu können: «Wenn wir sagen, dass eine Beobachtung immer dann stattgefunden hat, wenn eine Meinung ein direktes Ergebnis der Wahrnehmung ist, müssen wir zulassen, dass es eine moralische Beobachtung gibt, da eine solche Meinung ebensogut von moralischer wie von anderer Art sein kann» (15f). Auf dem Hintergrund dieses weiten Begriffs von ‹Beobachtung› sieht Harman den Unterschied zwischen moralischen und naturwissenschaftlichen Hypothesen darin, dass Letztere das Beobachtete erklären, Erstere jedoch nicht.
[14] Alwin Goldman, Joel Pust: Philosophical Theory and Intuitional Evidence, in: M. R. DePaul, W. Ramsey (Ed.), Rethinking Intuition. The Psychology of Intuition and ist Role in Philosophical Inquiry, 1998, 179-197, 179. Ähnlich Robert Audi: Intuition, Pluralism and Foundation of Ethics, in: W. Sinnott-Armstrong, M. Timmons (ed.), Moral Knowledge? New Readings in Moral Epistemology, 1996, 101-136, 108ff.

Intuitionen selbst. Die Frage, was genau moralische Intuitionen sind, muss gegenwärtig als weitgehend ungeklärt gelten.[15]

Auf der Linie der skizzierten Überlegung legt sich folgende Auffassung nahe. Offensichtlich gibt es nicht nur einen Unterschied zwischen einer erlebten und einer beschriebenen Handlung, sondern auch einen Unterschied zwischen dem Erleben und der Beschreibung dieses Erlebens. Im Erleben werden wir von einem Geschehen erfasst, noch bevor wir es beschreibend und reflektierend auf Distanz bringen können. Wir sehen, was die Jugendlichen mit der Katze tun – und sind augenblicklich in plötzlicher Anspannung und auf dem Sprung, dazwischen zu gehen. *Ex post* können wir beschreiben, wie es uns dabei ergangen ist: die Gefühle, die wir in diesem Augenblick empfunden haben, die Gedanken, die wir hatten usw. Doch setzt solche Selbstzuschreibung von Gefühlen, Gedanken usw. bereits die Distanz der Verständigung über das Erlebte voraus, die es erlaubt, erlebendes Subjekt und erlebte Situation voneinander zu unterscheiden und objektive Merkmale der Situation und subjektive Reaktionen einander zuzuordnen. Im Augenblick des Erlebens fehlt diese Distanz. Nach der hier vertretenen Auffassung aber ereignet sich die Intuition im Erleben. Trifft dies zu, dann erklärt dies eine sprachliche Schwierigkeit, die der Rede von Intuitionen anhaftet. Weil es im Augenblick des Erlebens die erst in der Verständigung über das Erlebte sich auftuende Differenz zwischen erlebendem Subjekt und erlebter Situation nicht gibt, entzieht sich das Intuitive, wie es im Erleben da ist, der individuellen Zuschreibung, so als wäre es etwas, das Subjekte «haben» bzw. das von Subjekten prädiziert werden kann. Das unterscheidet es von Gefühlen oder Überzeugungen. Angemessener als die substantivische Rede von Intuitionen, die mit der Suggestion verbunden ist, dass Intuitionen etwas von der Art von propositionalen «beliefs» oder «convictions» sind, ist daher die adverbiale Redeweise: Jemand urteilt intuitiv.

Für das skizzierte Verständnis moralischer Wahrheit lässt sich noch eine andere Überlegung ins Feld führen. Angenommen, das moralische

---

[15] «What exactly are intuitions, in particular, are they a kind of belief, inclination to believe, or jugdment, or are they some other sort of intellectual seeming, or are they something else entirely?» M. R. DePaul, W. Ramsey, aaO. XV.

‹gut› würde sich statt auf die erlebte auf die beschriebene Handlung beziehen. Die Frage ist dann, woher sich ihr Gutsein ableitet, ob aus der singulären Konstellation, mit der sie verknüpft ist, oder aus der Handlungsweise, die in ihr aktualisiert wird. Wenn A dem in Not geratenen B hilft, spielt es dann für das Gutsein dieser Handlung eine Rolle, dass es sich bei den Beteiligten um A und B handelt? Müsste nicht das Urteil genauso ausfallen, wenn es sich bei gleichen Umständen um die Personen C und D handelte? Offenbar ist es nicht die singuläre Handlung in ihrer singulären Konstellation, sondern die in ihr aktualisierte Handlungsweise, die in einem ursprünglichen Sinne gut ist. Die singuläre Handlung ist gut, insofern sie diese Handlungsweise – ‹einem in Not Geratenen helfen› – aktualisiert. Freilich gilt Letzteres nur, wenn die Aktualisierung der Handlungsweise nicht aus fremden Motiven wie Selbstinteresse und Eigennutz geschieht. Man kann einem in Not Geratenen aus Berechnung helfen in der Erwartung, irgendwann daraus Vorteil zu ziehen, und wir betrachten ein solches Verhalten nicht als in einem moralischen Sinne gut. Sittliche Qualität kann eine Handlung offenbar nur beanspruchen, wenn sie das Gute um des Guten und nicht um eines anderen willen verwirklicht, also: das Helfen um des Helfens willen, Solidarität um der Solidarität willen usw. Wird das moralische ‹gut› also auf die beschriebene Handlung bezogen, dann gelangt man im Resultat zu einer, man könnte sagen: platonischen Auffassung des Guten. Sie liegt wertethischen Ansätzen zugrunde, die die sittliche Qualität einer Handlung daran festmachen, dass sie Werte um ihrer selbst willen realisiert oder um ihrer selbst willen respektiert.

Diese Auffassung steht in offenkundiger Spannung zur moralischen Alltagsorientierung. Für diese liegt das sittlich Entscheidende am Helfen darin, dass es um dessen willen geschieht, dem geholfen wird, statt um seiner selbst willen im Sinne der Aktualisierung der Handlungsweise ‹Helfen›. Niemand gibt auf die Frage, warum er einem anderen hilft, zur Antwort: um des Helfens willen; oder: um des Guten willen; oder: weil es gut ist. Vielmehr ist die natürliche Antwort auf diese Frage, dass die Situation des Hilfsbedürftigen sowie die Umstände, die den Betreffenden zur Hilfe veranlasst haben, geschildert werden. Auf diese Weise wird eine *Vorstellung* vermittelt, und es ist offensichtlich diese Vorstellung, welche im Blick auf die Handlung das Urteil ‹gut› angemessen erscheinen lässt. Das Vorgestellte aber ist nicht eine von allen ihren

Aktualisierungen abstrahierte Handlungsweise, sondern ein konkretes Geschehen, das sich zwischen zwei Personen abspielt. Auch diese Überlegung spricht also dafür, das moralische Urteil so zu interpretieren, dass es sich nicht auf die beschriebene, sondern auf die erlebte oder vorgestellte Situation oder Handlung bezieht.

Trifft dies zu, dann muss alle moralische Reflexion und Argumentation so begriffen werden, dass sie sich immer auf zwei Ebenen zugleich bewegt: einerseits auf der Ebene von sprachlichen Ausdrücken und Sätzen, andererseits auf der Ebene von Vorstellungen und daran sich knüpfenden Intuitionen. Der ersten Ebene ist es zuzuschreiben, dass moralische Urteile in einem logischen Zusammenhang stehen und auf ihre Kohärenz hin überprüfbar sind. Wenn das Anzünden der Katze schlecht ist, weil es sich hierbei um Tierquälerei handelt und weil Tierquälerei schlecht ist, dann muss auch das Schinden eines Pferdes schlecht sein, weil dies ebenfalls Tierquälerei ist. Doch reichen Kohärenzüberlegungen nur hin, um eine *hypothetische* Geltung eines moralischen Urteils zu begründen: Wenn die Handlung x moralisch schlecht ist, dann muss aus logischen Kohärenzgründen auch die Handlung y als moralisch schlecht bewertet werden. Die *kategorische* Aussage, dass die Handlung x moralisch schlecht ist, ist dagegen nach diesen Überlegungen nicht möglich ohne die zweite, die intuitive Ebene.[16]

Treffen diese Überlegungen zu, dann hängt die gesamte moralische Orientierung entscheidend von den vorhandenen Intuitionen ab, also davon, wie Handlungen und handlungsrelevante Situationen *erlebt* werden. Auch moralische Argumentationen sind dann auf intuitive Plausibilität angewiesen. Man kann sich dies am Beispiel folgender Argu-

---

[16] Der Philosoph Ernst Tugendhat hat zu Recht in seiner Auseinandersetzung mit dem Kontraktualismus darauf hingewiesen, dass essentiell für die Sphäre der Moral deren affektive, bzw. nach unseren Überlegungen: deren intuitive Verankerung ist. Die blosse Einigung auf eine Norm macht diese noch nicht zu einer moralischen. Dies ist kritisch zu sagen etwa im Blick auf die diskursethische Auffassung der Moral, wonach moralische Normen durch die Zustimmung aller Betroffenen in Geltung gesetzt werden. Eine solchermassen in *soziale Geltung* gesetzte Norm kann gleichwohl unmoralisch sein, d. h. der *moralischen Richtigkeit* entbehren. Moral verdankt sich nicht der Verständigung – so wichtig die Verständigung über sie ist –, sondern sie wurzelt in einer Schicht, die tiefer reicht.

mentation zugunsten der aktiven Sterbehilfe verdeutlichen. Diese löst bekanntlich gegensätzliche Intuitionen aus. In dieser Situation besteht die argumentative Strategie darin, auf etwas zu rekurrieren, das hinsichtlich seiner intuitiven Bewertung unstrittig ist. Von dieser Art ist z. B. die arztethische Maxime, dass das Wohl des Patienten für den Arzt oberstes Gebot ist. Die mit dieser Maxime verknüpfte Vorstellung der Fürsorge und des Helfens ist intuitiv positiv besetzt. Die vermittelnden argumentativen Zwischenglieder – jemandem auf dessen Verlangen hin aus einer unerträglichen Notlage helfen, heisst gewiss, um sein Wohl besorgt zu sein; aktive Sterbehilfe hilft aus einer unerträglichen Notlage – transportieren diese positive Besetzung hinunter auf die aktive Sterbehilfe. Was einerseits als ein logisches Verhältnis zwischen Sätzen erscheint, spielt sich andererseits auf der Ebene der Vorstellung und Intuition ab. Das zeigt sich daran, dass die Plausibilität der Argumentation darauf angewiesen ist, dass die Adressaten mit den Sätzen dieselben Vorstellungen verbinden. So assoziiert ein Arzt, der in der Tradition des hippokratischen Ethos steht, mit jener arztethischen Maxime die Vorstellung des Heilens und Linderns. Dass sie auch die Tötung eines Patienten einschliessen könnte, liegt für ihn völlig ausserhalb dieses Vorstellungszusammenhangs, und überdies ist die Tötung eines Patienten intuitiv negativ besetzt. Daher wird er sich von dieser Argumentation schwerlich überzeugen lassen. Das Beispiel illustriert noch einmal, wie es möglich ist, dass bei identischer Beschreibung das moralische Urteil bei verschiedenen Personen diametral auseinandergehen kann. Entscheidend ist, wie gesagt, nicht die Beschreibung, entscheidend sind vielmehr die Vorstellungen und die sich daran knüpfenden Intuitionen, welche bei unterschiedlichen Betrachtern durch die Beschreibung hervorgerufen werden.

Das hat eine wichtige Implikation. Bedeutet es doch, dass die Vorstellung korrigiert werden muss, rationale moralische Gründe und Argumente seien ein von der Intuition unabhängiges Korrektiv für unsere Intuitionen. Auf diese Meinung trifft man ja nicht eben selten, dass wir, da Intuitionen wenig verlässlich sind, in moralischen Dingen statt auf Intuitionen auf Gründe und Argumente setzen sollten. Wie sich jetzt zeigt, sind auch moralische Gründe und Argumente auf intuitive Plausibilität angewiesen, so dass sie als ein von der Intuition unabhängiges Korrektiv für die Intuition gar nicht in Betracht kommen können. Sie müssen vielmehr so interpretiert werden, dass sie innerhalb unserer intuitiven Orientierungen eine logische Struktur und Ordnung herstellen und dabei gewiss auch korrigierend wirken. Aber sie bleiben dabei doch bezüglich ihrer eigenen Plausibilität auf die Intuition angewiesen. Dazu ist gleich mehr zu sagen.

Im Übrigen ist die Vorstellung, wir sollten in allem, was wir tun, uns nur von Gründen und nicht von Intuitionen leiten lassen, lebensfremd. Unser Handeln ist zum allergrössten Teil intuitiv gesteuert. Wollten wir es durchgehend davon abhängig machen, dass es zunächst begründet wird, dann kämen wir vor lauter Begründungsanstrengungen überhaupt nicht mehr zum Handeln. Insofern macht es guten Sinn, Intuitionen, die ja selbst das Ergebnis einer langen kulturellen Entwicklung sind, eine prima-facie-Plausibilität zuzugestehen. Das bedeutet, dass sie so lange als Orientierung dienen dürfen, wie nicht triftige Gründe gegen sie sprechen. Und das wiederum hat die Implikation, dass nicht derjenige zuerst in der Begründungspflicht ist, der intuitiv etwas tut, sondern vielmehr derjenige, der etwas dagegen einwendet. Erst damit, dass dieser seinen Einwand *begründet*, kommt der intuitiv Handelnde in die Situation, dass er sein Handeln *rechtfertigen* muss gegenüber den Gründen, die gegen es geltend gemacht werden.

Die Ergebnisse der Hirnforschung haben wahrscheinlich gemacht, dass der intuitive Antrieb seinen Ursprung in einem entwicklungsgeschichtlich älteren Teil des Gehirns hat, der dem Menschen mit den höher entwickelten Tieren gemeinsam ist. Dort lassen sich verschiedene psychomotorische Zentren lokalisieren, die in Reaktion auf äusserlich wahrgenommene Situationen unterschiedliche Verhaltensweisen – Fürsorge, Furcht, Lust, Aggression usw. – steuern.[17] Diese neurobiologische Verortung der Intuition liefert ein zusätzliches starkes Argument dafür, Intuitionen nicht als «beliefs» oder «convictions» aufzufassen, also als etwas, das propositionale Struktur hat und daher das Sprach- und Denkvermögen voraussetzt, das seinen Sitz in dem entwicklungsgeschichtlich jüngeren neocortikalen Teil des Gehirns hat. Weder haben Intuitionen propositionale Struktur noch hat dasjenige

---

17 A. Zeyer: Der Altruismus der Primaten. Neurobiologische Grundlagen der Intuition, in: Zeitschrift für evangelische Ethik (ZEE), 45. Jg. (2001), 302-314.

eine solche Struktur, worauf sie reagieren. Auf diese biologische Grundlage der Intuition haben wir keinen direkten Einfluss. Worauf wir jedoch einen Einfluss haben, das ist die Welt, auf die die Intuition reagiert. Das betrifft an erster Stelle die Art und Weise, wie diese Welt «symbolisch strukturiert» ist. Damit ist Folgendes gemeint: Wir nehmen in den Phänomenen mehr und Anderes wahr als nur das, was wir an ihnen empirisch beobachten können. Zum Beispiel sehen wir in einem Anderen: den kranken Menschen als jemanden, der besonderer Fürsorge bedarf; den Fremden als jemanden, der nicht zur eigenen Gruppe oder Gemeinschaft gehört; den Hilfsbedürftigen; den Feind; den Nächsten usw. Jeder dieser Ausdrücke steht für ein intuitiv gesteuertes Interaktionsmuster, das geprägt ist einerseits durch erlebte soziale Interaktionen – etwa dem Erleben, wie mit kranken Menschen umgegangen wird –, andererseits durch bestimmte Überlieferungen und Erzähltraditionen, die im religiösen (‹Nächster›) und kulturellen Gedächtnis aufbewahrt sind, und das durch die Begegnung mit Menschen aktiviert wird, in denen uns der kranke Mensch, der Hilfsbedürftige, der Nächste usw. gegenübertritt.

Damit ist die fundamentalste Schicht bezeichnet, von der das moralische Urteil geprägt ist. In letzter Instanz, so die These, hängt das moralische Urteil von der symbolischen Strukturierung der Lebenswirklichkeit ab. Das macht die enge Beziehung verständlich, die zwischen Moral und Religion besteht. Denn Religion manifestiert sich in einer bestimmten symbolischen Strukturierung der Lebenswirklichkeit, durch welche die intuitive Einstellung zu den Phänomenen ausgerichtet und gelenkt wird. Übrigens ist aufgrund dieses Zusammenhangs ein Fragezeichen zu setzen hinter die Auffassung, man könne und müsse unter säkularen Vorzeichen die Verständigung in moralischen Fragen von religiösen und weltanschaulichen Prämissen freihalten. Gewiss kann man explizit religiöse Argumente aus dem moralischen Diskurs ausschliessen. Aber auf der für das moralische Urteil viel fundamentaleren Ebene der Intuition lässt sich der Einfluss der Religion nicht eliminieren. Hier hat jemand, der in der christlichen Tradition steht, möglicherweise andere moralische Intuitionen als jemand, der von einem anderen religiösen oder weltanschaulichen Hintergrund herkommt.

III.

Nach diesem Exkurs zur Eigenart des moralischen Urteils haben wir die Elemente beisammen, die für die moralische Urteilsbildung nach dem Modell des reflektiven Gleichgewichts konstitutiv sind. Grundlegend ist die Unterscheidung zwischen den beiden Ebenen, die beim moralischen Urteil beteiligt sind: einerseits die Ebene sprachlicher Ausdrücke und Sätze, andererseits die Ebene der Vorstellungen und Intuitionen.

Was zunächst die erste Ebene betrifft, so war bereits davon die Rede, dass unsere moralischen Urteile einen logischen Zusammenhang bilden. Das sei noch einmal folgendermassen verdeutlicht. Angenommen, das Urteil sei: (1) Dieser medizinische Versuch am Menschen ist in moralischer Hinsicht unverantwortlich. Für dieses Urteil kann eine Begründung verlangt werden. Diese muss das relevante Merkmal benennen, aufgrund dessen dieser Versuch moralisch unverantwortlich ist. Dieses Merkmal sei: Der Versuch ist lebensgefährdend. Damit lautet die vollständige Begründung: Dieser Versuch am Menschen ist lebensgefährdend, und (2) es ist moralisch unverantwortlich, das Leben von Menschen zu gefährden. (2) formuliert eine Regel, die nicht nur (1), sondern auch eine Vielzahl anderer möglicher Fälle unter sich fasst. Wenn wir also *diesen* medizinischen Versuch aufgrund *dieser* Begründung für moralisch unverantwortlich erklären, dann müssen wir auch in all den anderen Fällen in gleicher Weise urteilen. Nun kann auch für (2) eine Begründung verlangt werden. Wiederum muss ein Merkmal angegeben werden, aufgrund dessen die Gefährdung des Lebens von Menschen moralisch unverantwortlich ist. So könnte man sagen, dass dadurch Leiden vermehrt und Glück vermindert wird. Die vollständige Begründung lautet dann: Die Gefährdung des Lebens von Menschen vermehrt Leiden und vermindert Glück, und (3) es ist moralisch falsch, Leiden zu vermehren und Glück zu vermindern. (3) formuliert ein Prinzip, das nicht nur (2) und (1), sondern wiederum eine Vielzahl von Regeln und Urteilen unter sich fasst. Schematisch lässt sich das folgendermassen darstellen:

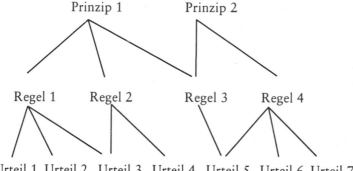

Unsere moralischen Urteile sind also über die Regeln und Prinzipien logisch verknüpft, auf die wir zu ihrer Begründung rekurrieren. In methodologischer Hinsicht kommt dabei der Frage entscheidende Bedeutung zu, ob die Begründung von Geltung nur von oben nach unten verläuft oder auch von unten nach oben, d. h. ob lediglich *top down* die Geltung von Prinzipien die Geltung von Urteilen begründet oder auch *bottom up* die Geltung von Urteilen für die Geltung von Prinzipien massgebend ist. Im ersten Fall, in dem alle Geltung auf der Ebene der Prinzipien fundiert ist, spricht man von «Fundamentalismus» oder «Fundamentismus»[18], im zweiten Fall, in dem die Geltung in der logischen Kohärenz von Prinzipien und Urteilen begründet ist, von «Kohärentismus». Ein Beispiel für eine fundamentistische Theorie ist der Utilitarismus, für den – in seiner klassischen Version – das Prinzip der Maximierung des Glücks und der Minimierung des Leids für alle moralischen Urteile geltungsbegründend ist.

In der Regel wird das Modell des reflektiven Gleichgewichts in dem Sinne aufgefasst – und das ist die ursprüngliche Version, wie sie sich bei dem Philosophen John Rawls findet –, dass es sich um ein Gleichgewicht im Sinne *logischer Kohärenz* zwischen Einzelurteilen und Prinzipien handelt. Das entspricht dem obenstehenden Schema. In methodischer Hinsicht bedeutet dies, dass wir jeweils zu prüfen haben, ob unsere Einzelurteile mit unseren Prinzipien zusammenstimmen und umgekehrt.

---

[18] Der Ausdruck ist gebildet, um die negativen Assoziationen zu vermeiden, die dem Wort Fundamentalismus anhaften.

Wenn wir beispielsweise die verbrauchende Forschung an Embryonen unter Berufung auf das Prinzip des Schutzes menschlichen Lebens ablehnen, dann müssen wir uns aus Kohärenzgründen der Frage stellen, wie die Tolerierung nidationshemmender Verhütungsmethoden mit diesem Prinzip zusammenstimmt.

Doch ist zu fragen, ob es wirklich nur um ein logisches Gleichgewicht zwischen Urteilen und Prinzipien geht oder nicht vielmehr um ein Gleichgewicht zwischen den beiden Ebenen, auf denen das moralische Urteil angesiedelt ist, nämlich der Ebene der Sprache einerseits und der Ebene der Vorstellung und Intuition andererseits. Unsere moralischen Urteile und Prinzipien müssen nicht nur logisch mit unseren sonstigen Urteilen und Prinzipien zusammenstimmen, sondern sie müssen vor allem mit unserem *Erleben* der Wirklichkeit zusammenstimmen. Tatsächlich überprüfen wir eine Regel wie «Aktive Sterbehilfe ist unter allen Umständen moralisch abzulehnen» ja gar nicht an unseren *Urteilen* über aktive Sterbehilfe. Vielmehr versuchen wir, uns *Fälle* und *Situationen* von aktiver Sterbehilfe zu vergegenwärtigen, die gegen diese Regel sprechen könnten, um an ihnen auf der Ebene der Vorstellung und Intuition die Regel zu überprüfen. Das ist auch die typische Strategie, mit der gegen eine solche kategorische Regel argumentiert wird: Man *erzählt* von einem Fall, bei dem der behandelnde Arzt in eine Situation gekommen ist, in der sich die Frage der aktiven Sterbehilfe für ihn akut gestellt hat. Eine solche auf die Intuition zielende Schilderung kann die Sicherheit einer strikt ablehnenden Einstellung erschüttern.

Das Resultat kann sein, dass die Regel revidiert oder aufgegeben wird. Es kann aber auch darin bestehen, dass die Regel beibehalten wird, aber für den geschilderten Einzelfall eine Ausnahme konzediert wird. Er fällt einfach aus der Regel heraus. Es mag Fälle geben, bei denen wir uns ausserstande sehen, einen Arzt moralisch zu verurteilen, der aktive Sterbehilfe geleistet hat. Wir müssen anerkennen, dass er sich in einer Notlage befand, in der er nicht anders handeln konnte. Vielleicht werden wir sagen, dass es «richtig» war, dass der Arzt in diesem Fall so gehandelt hat, und wir werden auf die Frage nach dem Warum bestimmte Merkmale der Situation als Grund anführen. Doch ist es nicht dieser Grund, der uns zu diesem Urteil bringt, sondern die intuitive Wirkung, die die Situation auf uns ausübt. Deshalb widerspricht es einem solchen Urteil, wenn es aufgrund des angegebenen Grundes generalisiert wird in dem Sinne, dass Sterbehilfe dann in *allen* Situationen «richtig» sein müsse, die die angegebenen Merkmale aufweisen. Es kommt hier entscheidend darauf an, den *ex-post*-Charakter des angegebenen Grundes zu beachten. Wollte jemand dies bestreiten und auf der Generalisierbarkeit des Urteils bestehen, dann müsste er sich die Behauptung zu eigen machen, dass es in Wahrheit keine Einzelfallgerechtigkeit gibt, sondern dass vielmehr das, was dafür gehalten wird, sich immer auf eine Klasse von Fällen bezieht. Man kann sich gut einen Arzt denken, der selbst einmal in einem Einzelfall die Grenze zwischen indirekter und aktiver Sterbehilfe überschritten hat, aber es für eine moralische Katastrophe halten würde, wenn daraus eine Regel abgeleitet würde des Inhalts, dass immer dann, wenn die entsprechenden Umstände gegeben sind, aktive Sterbehilfe moralisch legitim ist. Denn das würde die Gefahr heraufbeschwören, dass die Bürde der Prüfung des Einzelfalles im Konflikt zwischen Regel und Intuition abgelöst würde durch die Routine der Regelentscheidung.

Viel kommt hier auf die Einsicht an, dass auch derjenige, der mit einem Einzelfall konfrontiert ist, der sich der Beurteilung nach Regeln entzieht, sich nicht in einem regelfreien Raum bewegt. Zwar ist sein Handeln nicht in einer Regel *begründet*, aber es muss doch jederzeit vor Normen bzw. Regeln *gerechtfertigt* werden können. So muss der Arzt, der die Grenze zwischen indirekter und aktiver Sterbehilfe überschreitet, mit der Schilderung des Falles dartun können, inwiefern der betreffende Fall eine so schwere Notlage darstellt, dass er die Übertretung des Tötungsverbots rechtfertigt. Die Rede von Einzelfallgerechtigkeit macht überhaupt nur Sinn in Anbetracht der Geltung genereller Regeln.

Für die ärztliche Ethik hat dies eine eminent wichtige Implikation. Man trifft innerhalb der Medizinethik auf ein fragwürdiges Ideal, demzufolge individuelle arztethische Entscheidungen – z. B. über Therapiebegrenzungen – stets nach ethisch gerechtfertigen Regeln erfolgen sollen. Der Medizinethik wird von daher die Aufgabe zugewiesen, solche Regeln bereitzustellen, die dann kasuistisch auf den Einzelfall hinunterdekliniert werden können. Auch dort, wo der methodische Ausgangspunkt bei deskriptiven Fallanalysen aus der klinischen Praxis gewählt wird, ist doch fast durchweg die Vorstellung leitend, dass das Ziel die Auffindung von Entscheidungsregeln für den Einzelfall ist, sei es von solchen, die der klinischen Praxis inhärent sind und die von dorther bereits eine ausreichende Rechtfertigung besitzen,[19] oder von solchen, die ihre Rechtfertigung erst noch aus einer unabhängigen ethischen Theorie beziehen müssen.[20] Folgt man demgegenüber den hier angestellten Überlegungen, dann wird man zwar der Notwendigkeit von Regeln allergrösstes Gewicht beimessen. Aber man wird doch ebenso betonen, dass die ethische Urteilskraft des Arztes mehr umfassen muss als nur die Fähigkeit, Regeln auf Einzelfälle anzuwenden. Zu ihr gehört vielmehr auch das Augenmass für die Besonderheit des Einzelfalles, der sich als Ausnahmefall der Regel entziehen kann. Die ethische Kompetenz des Arztes bildet sich daher nicht nur in der reflektierten Aneignung ethisch gerechtfertigter Regeln für die klinische Praxis, sondern ebenso in der Anschauung konkreter Fälle, die sich in ihren individuellen Besonderheiten nie vollständig in das Schema von Regeln pressen lassen. Die Einübung in das arztethische Urteilsvermögen muss daher auch das rechte Augenmass für den Ermessensspielraum umfassen, der sich aus dem Spannungsverhältnis zwischen Regel und individuellem Fall ergibt. Das Ideal einer gleichsam wissenschaftlich fundierten Regelentscheidung ist für die ärztliche Praxis unangemessen.

Wir müssen nun noch einen letzten Punkt hinzunehmen. Intuitionen sind nicht-propositionale Orientierungen. Und dennoch kann auch ihr Gehalt in Form von Propositionen expliziert werden: Das menschliche Leben ist unverfügbar; der Mensch hat eine unantastbare Würde; alles Leben will geachtet sein. Das sind keine moralischen Urteile im üblichen, nämlich normativ-präskriptiven Sinne. Sie sind vielmehr bewusst indikativisch formuliert. Sie lassen sich interpretieren als Aussagen, die den Gehalt von Intuitionen explizieren, welche wir in bezug auf menschliches und aussermenschliches Leben haben. Diese Intuitionen melden sich in der Regel dann, wenn etwas geschieht, das ihnen zuwider geht, wenn menschliches Leben getötet, nichtmenschliches Leben mutwillig zerstört oder die Menschenwürde missachtet wird. Die Bedeutung jener Aussagen liegt darin, dass sie formulieren, was in solchen

---

[19] A. R. Jonsen, St. Toulmin: The Abuse of Casuistry. A History of Moral Reasoning, 1988.
[20] B. Gert, C. M. Culver, K. D. Cluser: Bioethics: A Return to Fundamentals, 1997.

Fällen eigentlich verletzt wird. Sie halten dabei die sprachlich schwierige Schwebe zwischen «Deskription» und «Präskription» (z. B. «unverfügbar»). Das hat seine Erklärung darin, dass sie etwas formulieren, das sich einerseits über die Anschauung und Vorstellung vermittelt und andererseits intuitiv zum Handeln herausfordert.

Je bewusster sich eine Gesellschaft der Tatsache ist, dass das, was das Leben in ihr wertvoll macht, seine wesentliche Grundlage in intuitiven Orientierungen hat, die ihrerseits über symbolische Strukturierungen der Lebenswirklichkeit vermittelt sind, um so mehr wird sie sich des elementaren Gehalts dieser Orientierungen zu vergewissern suchen. Man muss sich dazu vergegenwärtigen, wie gefährdet die intuitive Orientierung ist. Wo das menschliche Leben nichts gilt und, wie in bestimmten Regionen der heutigen Welt, die Misshandlung und Tötung von Menschen zum Alltag gehören, da gewöhnen sich auch Anschauung und Vorstellung daran und es kommt zur Verrohung der sittlichen Intuition. Daher bedarf es der ständig neuen Vergewisserung der intuitiven Grundlagen des humanen Zusammenlebens.

Was lässt sich nun in methodischer Hinsicht aus diesen Überlegungen für das Verfahren moralischer Urteilsbildung gewinnen? Ohne Anspruch auf Vollständigkeit seien zum Schluss einige Regeln und Verfahrensschritte aufgeführt, die für eine methodische Urteilsbildung in moralischen Fragen nützlich sind:

1. Bei vielen bioethischen Problemen ist es wichtig, die Intuitionen zu analysieren, die bei der Problemwahrnehmung im Spiel sind. Welche Intuition liegt zum Beispiel der Unterscheidung zwischen aktiver und passiver Sterbehilfe zugrunde?[21] Eine befriedigende Klärung oder gar Lösung des betreffenden Problems ist von vorneherein nicht zu erwarten, wenn die leitenden Intuitionen nicht begriffen sind. Man mag dann zwar vielleicht eine «Lösung» finden, aber sie befriedigt möglicherweise in moralischer Hinsicht nicht, weil sie an den Intuitionen vorbeigeht, die uns allererst hier ein Problem sehen lassen. Und so besteht das Problem weiter.

---

21 Vgl. in diesem Buch den Beitrag 123ff.

2. In vielen Fällen kann es wichtig sein, die leitenden Vorstellungen und daran sich knüpfenden Intuitionen auf ihre Sachgemässheit hin zu befragen. So sind beispielsweise bei der deutschen Diskussion über die fremdnützige Forschung an Einwilligungsunfähigen Intuitionen im Spiel, die auf Vorstellungen von den menschenverachtenden Experimenten der NS-Medizin zurückzuführen sind, die jedoch völlig unangemessen sind im Hinblick auf das, was etwa durch die Bioethik-Konvention des Europarates vorgesehen und dort mit strengen Kautelen verbunden ist.

3. Selbstverständlich können und müssen Intuitionen auf ihre moralische Akzeptabilität hin befragt werden auf dem Hintergrund gemeinsam geteilter moralischer Prinzipien. Man denke etwa an den Vergeltungsdrang, der sich bei besonders schlimmen und entsetzlichen Straftaten meldet und der im Widerspruch steht zu fundamentalen moralischen Prinzipien, die die Achtung der Menschenwürde und die Wahrung der Menschenrechte betreffen.

4. Ein wichtiges methodisches Instrument ist der Test moralischer Positionen an konkreten Fällen und Situationen. Dadurch können neue und andere Intuitionen ins Spiel kommen, die zu Anfragen an die betreffende Position führen. Können wir eine bestimmte Position noch aufrecht erhalten, wenn wir uns in die Situation konkret Betroffener versetzen?

5. In einer durch Pluralismus gekennzeichneten ethischen Diskussionskultur gehört es zur Pflicht eines jeden moralisch Urteilenden, sich mit den Intuitionen, Plausibilitäten und Erfahrungskontexten Anderer zu konfrontieren und das eigene Urteil in diesem Licht zu überprüfen.

6. Grosse Bedeutung kommt der propositionalen Explikation gemeinsam geteilter Intuitionen zu (Unantastbarkeit des Menschen; Unverfügbarkeit des menschlichen Lebens), aus der sich Kriterien gewinnen lassen für die Urteilsbildung in moralischen Fragen.

7. Selbstverständlich spielt für die Urteilsbildung in bioethischen Fragen die Suche nach einschlägigen moralischen Prinzipien, die für das betreffende moralische Problem relevant sind, eine zentrale Rolle. Ein Beispiel sind die vier Prinzipien von Beauchamp und Childress.

8. Wichtig ist schliesslich die Überprüfung der logischen Kohärenz des moralischen Urteils mit dem, was man sonst in moralischen Angelegenheiten vertritt.

9. Manchmal kann es erhellend sein, gleichsam sich selbst über die Schulter zu blicken und nach dem ‹Geist› zu fragen, in dem wir moralisch urteilen bzw. mit einer moralischen Frage umgehen. Diese Frage führt zur fundamentalsten Schicht, in der das moralische Urteil verwurzelt ist, nämlich der symbolischen Strukturierung der Lebenswirklichkeit.

Selbstverständlich ist dies keine Liste, die im Prozess der moralischen Urteilsbildung der Reihe nach abzuhaken ist. Es handelt sich vielmehr um eine Zusammenstellung verschiedener Aspekte, die sich uns über die Analyse der Eigenart des moralischen Urteils erschlossen haben. Je nach Art des moralischen Problems können diese Aspekte beim Prozess der Urteilsbildung und Entscheidungsfindung unterschiedlich ins Gewicht fallen.

IV.

Unausgesprochen haben wir uns bei den vorstehenden Überlegungen zur Eigenart des moralischen Urteils entlang einer alten, auf Platon zurückgehenden Unterscheidung bewegt, nämlich der Unterscheidung zwischen *Dialektik* und *Rhetorik*. Mit ihr lassen sich die beiden Ebenen des moralischen Urteils auf den Begriff bringen, von denen zuvor die Rede war. Die Dialektik zielt auf die logisch-argumentative Beweisführung, dass die Dinge so *sind*, wie sie sind. Rhetorik dagegen zielt darauf ab, den Hörer oder Leser dazu zu bringen, die Dinge in einer bestimmten Weise zu *sehen*. Die Rhetorik war in der Geschichte der Philosophie nie unumstritten. Das gilt bis in die Ethik der Gegenwart. Feststellungen wie: «Das ist keine Begründung, sondern blosse Rhetorik» sind nicht untypisch und illustrieren die negative Einschätzung.[22] Sextus Empiricus bringt die Kritik, die ähnlich schon in Platons Gor-

---

22 Vgl. den Artikel «Rhetorik, Redekunst» im Historischen Wörterbuch der Philosophie, hg. von J. Ritter und K. Gründer, Bd. 8, 1992, 1014-1025.

gias zu finden ist, auf den Punkt, wenn er schreibt, dass die Rhetorik darauf abziele, «das Kleine gross oder das Grosse klein zu machen oder zu bewirken, dass das Gerechte als ungerecht erscheint und das Ungerechte als gerecht».[23] Das Falsche an der Rhetorik besteht hiernach darin, dass sie uns die Dinge anders *sehen* lässt, als sie in Wahrheit *sind*.

Wenn die vorstehenden Überlegungen zur Eigenart moralischer Wahrheit zutreffen, dann erscheint die Rhetorik in einem anderen Licht. Das moralische Urteil bezieht sich diesen Überlegungen zufolge nämlich nicht auf einen propositionalen Sachverhalt, der so *ist* – also auf eine *moralische Tatsache* –, sondern auf etwas, das *vor Augen ist*. Um einen Anderen von der Richtigkeit dieses Urteils zu überzeugen, müssen wir also auch ihm die betreffende Situation oder Handlung *vor Augen stellen*. Das aber geschieht mit Mitteln der Rhetorik, nämlich durch die narrative (erzählende) Vergegenwärtigung der Situation oder Handlung. Die Dialektik kommt erst sekundär ins Spiel, nämlich wenn es um die logische Kohärenz des Urteils mit unseren übrigen moralischen Auffassungen geht. Die fundamentalere Sprachebene ist die der Rhetorik, eben weil das moralische Urteil etwas formuliert, was sich im *Sehen* erschliesst.

Das hat Konsequenzen für das Verständnis der moralischen Diskurse, die wir führen. Leitend ist dabei in aller Regel die Figur der Dialektik. Der Andere soll nach Möglichkeit mit logisch zwingenden Gründen widerlegt und von der eigenen Position überzeugt werden. Dazu rekurriert man auf Prinzipien, denen auch der Andere die Anerkennung nicht versagen kann. Doch wenn die hier vorgetragenen Überlegungen zutreffen, dann müsste eigentlich etwas Anderes das Ziel sein, nämlich den Anderen *sehend* zu machen, ihm das Entscheidende vor Augen zu stellen, und natürlich auch die eigene Sicht der Dinge korrigieren und erweitern zu lassen.

Sehend machen wir einander nicht zuletzt durch die Haltung, mit der wir einander in moralischen Diskursen begegnen. Menschen üben nicht nur durch das, was sie sagen, eine Wirkung auf die Überzeugungen und Einstellungen ihrer Mitmenschen aus, sondern durch die gesamte Haltung, die sich in ihrem Auftreten und Eintreten für etwas vor

---

23 Sextus Empiricus, Adv. Math. II, 46.

Augen stellt. Das steckt übrigens in dem christlichen Gedanken der Feindesliebe, die nicht Selbstzweck ist, sondern auf Wirkungen in der Welt zielt in Gestalt der Entfeindung des Feindes und der Anstiftung zur Versöhnung. Es gibt nicht nur den zwanglosen Zwang des besseren Arguments, es gibt auch so etwas wie die Selbstevidenz und Selbstdurchsetzung der Haltung der Menschenfreundlichkeit. Das macht Argumente und Begründungen gewiss nicht überflüssig, im Gegenteil. Aber es rückt sie doch in ein anderes Licht, in welchem sie selbst als Manifestation einer Haltung transparent werden, die sich durch sie hindurch weitervermitteln will. Das erst gibt ihnen ihr substantielles Gewicht und unterscheidet sie von einem blossen Streit um logische Richtigkeiten. Es geht um was, und überzeugend ist letztlich das, worum es geht und wofür mit Argumenten gestritten wird.

Dieser Punkt ist deshalb so wichtig, weil wir mit unseren Möglichkeiten, einander diskursiv zu überzeugen, an definitive Grenzen stossen. Die äusserste Herausforderung ist hier das radikal Böse, dem mit Argumenten allein kaum beizukommen ist. So notwendig gerade hier das Insistieren auf Vernunft ist, so sehr gilt es doch zu sehen, dass Vernunft in mehr besteht als nur in Gründen und Argumenten, nämlich in einer Haltung, die letztlich durch ihre eigene Evidenz wirksam und überzeugend ist. Das ist sie freilich nur durch das individuelle und gemeinschaftliche Leben, Reflektieren, Urteilen und Handeln von Menschen. Daher gibt es eine sittliche Verpflichtung, für solches Wirksamwerden das eigene Leben, Denken und Handeln gleichsam als Medium zur Verfügung zu stellen. Doch damit bewegen wir uns schon fast im Horizont der religiösen Sicht der menschlichen Lebenswirklichkeit.[24]

---

[24] Vgl. Röm 12, 1ff.

Bioethik in theologischer Perspektive[1]

Gibt es einen spezifisch theologischen Zugang zur Bioethik? Eine Antwort auf diese Frage ist schon deshalb nicht leicht, weil es keinen Konsens darüber gibt, was eigentlich der theologische Zugang zur Ethik ist. Die theologische Ethik präsentiert sich heute in einer irritierenden Vielfalt. Nicht nur gibt es konfessionelle Unterschiede zwischen katholischer Moraltheologie und evangelischer Ethik. Auch innerhalb der konfessionellen Grenzen gibt es unterschiedlichste Auffassungen, die es zu einer echten Frage werden lassen, worin eigentlich das Verbindende und Gemeinsame besteht, das theologische Ethiken zu theologischen macht.

In dieser Situation scheint mir eher die Form der Frage angebracht zu sein als die der Behauptung. Mich interessiert im Folgenden, ob man sich in einem konfessionell gemischten Kreis auf bestimmte Grundzüge einer theologischen Ethik verständigen kann. Ich will dazu einige Angebote machen, und es wird sich zeigen, ob diese konsensfähig sind. Mein Beitrag hat zwei Teile. Er befasst sich im ersten Teil mit allgemeinen Überlegungen zur Eigenart und zum Profil theologischer Ethik. Ich kann dabei meine protestantische Herkunft nicht verleugnen, hoffe aber gleichwohl, das Gespräch über die Konfessionsgrenzen hinweg anzuregen. Der zweite Teil skizziert Umrisse einer biomedizinischen Ethik aus theologischer Perspektive. Den verschiedenen Abschnitten meines Beitrags sind jeweils Fragen vorangestellt, welche die Punkte markieren, über die aus meiner Sicht Verständigung erzielt werden müsste, um sowohl inner- wie interkonfessionell zu einem gemeinsamen Verständnis theologischer Ethik und Bioethik zu gelangen.

Meine erste Frage ist: *Können wir uns darüber verständigen, dass die Eigenart theologischer Ethik in ihrer Ethosbindung begründet ist, d. h. darin, dass sie dem christlichen Ethos verpflichtet ist?*

---

1 Vortrag am 14. September 2001 beim Symposium in Fribourg über Perspektiven theologischer Bioethik.

Wenn ich recht sehe, dann scheiden sich die Geister bereits in dieser für alles Weitere fundamentalen Frage. Um hier zu Klärungen zu gelangen, müssen wir m. E. zurückgehen bis zur Frage nach dem Wesen und der Eigenart christlicher Theologie, der ja die theologische Ethik als eine ihrer Disziplinen zugehört. Ich will von einer Feststellung ausgehen, von der ich annehme und hoffe, dass sie unkontrovers ist: *Es gibt christliche Theologie, weil es christlichen Glauben gibt.* Das ist zunächst einmal eine Tatsachenfeststellung. Ohne die historische Entstehung des christlichen Glaubens gäbe es keine christliche Theologie. Aber es ist auch eine Feststellung, die sich ins Normative wenden lässt: Mit welchen Themen und Fragestellungen sich die Theologie auch immer befasst, entscheidend für ihren Charakter als christliche Theologie ist es, dass sie durch das Vorhandensein des christlichen Glaubens dazu veranlasst ist. Veranlasst ist sie zunächst dadurch, dass der christliche Glaube ein möglicher Gegenstand von Erkenntnis ist. Doch reicht dies offensichtlich zur Eingrenzung der Theologie nicht aus. Denn als ein Gegenstand von Erkenntnis stösst der christliche Glaube auch auf nicht-theologisches, z. B. religionssoziologisches oder -psychologisches Interesse. Es bedarf also einer stärkeren Form der Veranlassung, um das Spezifische christlicher Theologie in den Blick zu bekommen. Es geht nicht nur um Erkenntnis, vielmehr ruft der christliche Glaube einen spezifischen *Orientierungsbedarf* hervor. Er provoziert zu theologischem Denken sowohl im Hinblick auf seine eigene Orientierung in den diversen Kontexten, in denen er steht, als auch im Hinblick auf die Orientierung Aussenstehender in Bezug auf ihn. Diese ist mehr als nur ein *Wissen* über ihn, betrifft sie doch – eben das meint das Wort ‹Orientierung› – deren Einstellung und Haltung ihm gegenüber. Somit führt der Zugang zu Wesen und Eigenart christlicher Theologie über die Frage, inwiefern und in welchen Hinsichten der christliche Glaube zur Orientierung und somit zu theologischem Denken herausfordert. Können wir uns hierüber verständigen?

Können wir uns weiter darüber verständigen, dass der christliche Glaube sittliche Implikationen hat, welche den Lebensvollzug des Glaubenden betreffen? Und dass es dementsprechend einen Orientierungsbedarf in Bezug auf diese sittlichen Implikationen gibt, die man traditionellerweise als ‹christliches Ethos› bezeichnet? Können wir uns mithin darüber verständigen, dass die Veranlassung zu so etwas wie «theologischer Ethik» in der Tatsache liegt, dass es ein christliches Ethos gibt? Solcher Verständigung müsste m. E. nicht im Wege stehen, dass innerhalb der katholischen Moraltheologie das Naturrecht eine fundamentale Rolle spielt. Denn seine theologische Qualifizierung erfährt das Naturrecht ja erst dadurch, dass es in den Rahmen der christlichen Auffassung von der Bestimmung Menschen eingeordnet, also hinsichtlich seiner sittlichen Implikationen auf das im christlichen Glauben gegründete Ethos rückbezogen wird.

Ich möchte auf zwei Konsequenzen hinweisen, die sich aus diesen Überlegungen für die theologische Ethik ergeben. Die erste hat mit dem spannungsvollen Verhältnis zu tun, in dem sich die Theologie seit jeher zur Philosophie befunden hat. Dieses hat seinen Grund darin, dass der christliche Glaube sich nie einfach bruchlos den philosophischen Begrifflichkeiten und Denkmustern gefügt hat. Die Theologie hat daher das, was sie zu vertreten und zu explizieren hat, immer nur in der Doppelbewegung von Anknüpfung und Abgrenzung von philosophischen Paradigmen verdeutlichen können. Das gilt auch in ethischer Hinsicht. Exemplarisch dafür ist die in der scholastischen Theologie vollzogene Adaption des aristotelischen Tugendbegriffs und die Interpretation von Glaube, Hoffnung und Liebe als «theologische Tugenden». Einerseits nahm die Theologie damit einen Begriff der philosophischen Ethik auf. Andererseits sprengte das, was sie damit explizierte, den aristotelischen Tugendbegriff, insofern Glaube, Hoffnung und Liebe nicht wie die aristotelischen Tugenden durch Übung und Gewöhnung erworben werden, sondern sich dem Wirken von Gottes Geist verdanken. Theologische Ethik lässt sich, wie Theologie insgesamt, immer nur in dieser Doppelbewegung von Anknüpfung und Abgrenzung gegenüber dem Denken ihrer Zeit vollziehen, und es gehört m. E. zu den essentiellen Aufgaben auch der heutigen theologischen Ethik, das Sperrige, gewohnten Begriffen sich Entziehende des christlichen Ethos nicht etwa zu verleugnen, sondern präsent zu halten.

An dieser Stelle dürften allerdings die Meinungen erheblich auseinandergehen. Ich will niemandem Unrecht tun, aber man kann den Eindruck haben, dass die erste Besorgnis nicht weniger theologischer Ethiker der Kommunikabilität theologischer Ethik nach aussen gilt und dass sie von daher dazu neigen, die theologische Ethik den allgemeinen Auffassungen von Moral und Ethik nach Möglichkeit anzugleichen, als Diskursethik, Wertethik, Verantwortungsethik usw. Doch ist Kommunikabilität nicht gleichbedeutend mit Angleichung. Die scholastische Übertragung des Tugendbegriffs auf Glaube, Hoffnung und Liebe zielte auf Kommunikabilität, aber mit der Intention, *Differenzen* zu verdeutlichen. Diese Intention liegt auch den folgenden Überlegungen zugrunde. Sie sind so kritisch wie möglich daraufhin zu prüfen, ob sie gerade in der Einschärfung des Differenten allgemein kommunikabel sind.

Die zweite Konsequenz: Theologische Ethik ist ihrem ganzen Wesen nach nicht der normativen Ethik zuzurechnen, sondern sie ist eine deskriptiv-hermeneutisch verfahrende Ethik. Aus ihrer Bindung an das christliche Ethos als der sittlichen Lebensgestalt des christlichen Glaubens erwächst ihr eine dreifache Aufgabe. Sie hat *erstens* das christliche Ethos auszulegen und heutigem Verstehen zu erschliessen. Dazu gehört zum Beispiel die Explikation dessen, was «Freiheit» im christlichen Verständnis heisst oder welches die christliche Sicht des Menschen oder des menschlichen Lebens ist. Sie hat *zweitens* das christliche Ethos im Hinblick auf aktuelle moralische Fragen zu konkretisieren. Hier geht es z. B. um die Frage, welche Konsequenzen sich aus der christlichen Sicht menschlichen Lebens hinsichtlich der Problematik der Forschung an embryonalen Stammzellen ergeben. Die theologische Ethik muss *drittens* das christliche Ethos in seinem Verhältnis zu anderen Ethosgestalten und Paradigmen ethischen Denkens reflektieren, einerseits, weil auch Christinnen und Christen aufgrund ihrer Teilhabe an einer gemeinsamen Kultur daran partizipieren, andererseits, um dem christlichen Ethos über den Raum der Kirche hinaus durch Anknüpfung an allgemeine Topoi und Plausibilitäten wie den Gedanken der Menschenwürde oder die Menschenrechte im öffentlichen Ethik-Diskurs argumentative Wirksamkeit und institutionelle Gestaltwerdung zu verschaffen. Denn das christliche Ethos ist auf reale Wirkungen in der Welt gerichtet, und das verpflichtet auch die theologische Ethik.

Ob sich bezüglich des deskriptiv-hermeneutischen Charakters theologischer Ethik Konsens herstellen lässt, scheint mir eher zweifelhaft zu sein. Vorherrschend ist eine andere Auffassung, wonach theologische Ethik der normativen Ethik zuzurechnen ist. Die Vorstellung dabei ist, dass Ethik die Aufgabe hat, Begründungen bereitzustellen für normative Urteile über das Gute, Richtige oder Gerechte. Wir wollen wissen, ob es moralisch erlaubt oder gerechtfertigt ist, Embryonen für Forschungszwecke zu gebrauchen, und die Ethik soll uns auf diese Frage Antwort geben. Ethik, die derartige normative Urteile fällt, ist aber normative Ethik.

Nun muss man hier differenzieren. Gewiss gehört es zu den Aufgaben der Ethik, zu moralischen Urteilen über das Gute und Richtige anzuleiten. Doch gibt es diesbezüglich zwei Möglichkeiten. Nach der ersten generiert die Ethik selbst die Kriterien für ‹gut› und ‹richtig›, und zwar als ethische Theorie. So versucht der Utilitarismus das Prinzip der Maximierung von Glück und der Minimierung von Leid als umfassendes Kriterium für die normative Beurteilung von Handlungen zu begründen. Die Ethik ist damit im Prinzip selbst in der Lage, in Anwendung der von ihr aufgestellten Kriterien moralische Urteile über ‹gut› und ‹richtig› zu fällen.

Diese Auffassung ist freilich nicht ohne Probleme. Die moralischen Konflikte, mit denen wir es faktisch zu tun haben – z. B. Schwangerschaftsabbruch oder Sterbehilfe –, entzünden sich in aller Regel nicht auf der Ebene ethischer Theorien, sondern auf der Ebene eines gelebten Ethos. Die Frage ist daher, was eine solche Ethik-Auffassung beitragen kann zur Klärung dieser Konflikte, wenn sie sich erklärtermassen nicht auf gesellschaftlich vorhandene Ethosgestalten einlässt, um in deren Rahmen nach möglichen Lösungen zu suchen, sondern die Kriterien für ‹gut› und ‹richtig› auf der Ebene der ethischen Theorie zu gewinnen sucht. Um mit den von ihr angebotenen Lösungen etwas anfangen zu können, müssten wir uns zuerst auf den Boden der betreffenden ethischen Theorie – etwa des Utilitarismus – stellen. Doch werden damit nicht unsere moralischen Fragen beantwortet, die nicht aus einer Theorie resultieren, sondern die mit unserer lebensweltlichen Orientierung zu tun haben.

Lässt sich aber die Ethik auf lebensweltliche Orientierungen ein – und damit komme ich zur zweiten Möglichkeit –, dann muss sie qua Ethik auf absolute bzw. kategorische normative Urteile über ‹gut› und ‹richtig› verzichten. Denn aus *faktisch vorhandenen* Überzeugungen hinsichtlich des Guten und Richtigen lässt sich nichts ableiten darüber, was in einem *normativen* Sinne gut und richtig ist. Aufgabe der Ethik kann es dann nur sein darüber nachzudenken, was *in der Perspektive der betreffenden Orientierung bzw. Überzeugung* gut oder richtig ist.

Für den, der an dieser Orientierung partizipiert und der sich das Resultat ethischen Nachdenkens kraft eigener Einsicht zu eigen macht, ist dies dann – aufgrund seiner Partizipation – *in einem absoluten Sinne* gut bzw. richtig. So ist für den Christen in einem absoluten Sinne richtig, was im Sinne des christlichen Ethos richtig ist. Insofern gilt auch bei dieser zweiten Möglichkeit, dass die Ethik Anleitung gibt zu kategorischen normativen Urteilen über das Gute und Richtige, nur dass sie hier nicht selbst solche Urteile treffen kann. Denn als *Reflexion auf ein Ethos* nimmt sie eine andere Perspektive ein als die des betreffenden Ethos. Der naheliegende Einwand, dass eine deskriptiv-hermeneutisch gerichtete Ethik nicht zu kategorischen normativen Urteilen über ‹gut› und ‹richtig› instand setzt, geht daher fehl. Auch eine solche Ethik hat das Ziel, zu derartigen Urteilen anzuleiten, freilich zu Urteilen aus der Perspektive eines bestimmten Ethos.

Es empfiehlt sich, einmal darauf zu achten, wie häufig es sowohl bei philosophischen wie bei theologischen Ethikerinnen und Ethikern vorkommt, dass unter Berufung auf ein gemeinsam geteiltes Ethos kategorische normative Urteile über ‹richtig› und ‹falsch› gefällt werden, etwa in Gestalt einer Aussage wie: «Weil die Forschung an embryonalen Stammzellen mit dem Gedanken der Menschenwürde unvereinbar ist, ist sie moralisch abzulehnen». Eine methodisch reflektierte Ethik müsste sich auf den ersten Teil dieser Aussage beschränken: «Die Forschung an embryonalen Stammzellen ist mit dem Gedanken der Menschenwürde unvereinbar». Und sie könnte noch hinzufügen: «Vom Standpunkt der Menschenwürde ist solche Forschung moralisch abzulehnen». Dies ist eine typische Aussage deskriptiv-hermeneutischer Ethik, welche die Implikationen des Menschenwürde-Gedankens für die Forschung an embryonalen Stammzellen expliziert. Der zweite Teil jener Aussage, das kategorische moralische Urteil, ist demgegenüber aus der Perspektive des Ethos der Menschenwürde formuliert, bzw. aus der Perspektive dessen, der sich dem Gedanken der Menschenwürde verpflichtet fühlt. Das aber ist eine andere Perspektive als jene, welche die Ethik als Reflexion auf jenes Ethos einnimmt. Die Ethik muss sich daher dieses normativen Urteils enthalten. Das gilt ganz entsprechend für vergleichbare Urteile im Bereich der theologischen Ethik. Eine Aussage wie «Weil Tierexperimente mit dem Gedanken der Mitgeschöpflichkeit nicht zu vereinbaren sind, sind sie moralisch abzulehnen», verquickt ebenfalls eine deskriptive Feststellung theologischer Ethik mit einer normativen Aussage aus der Perspektive des christlichen Ethos.

Vielleicht wird man einwenden, dass zwischen beiden Urteilen insofern ein Unterschied besteht, als das Ethos der Menschenwürde allgemein geteilt wird, während der Gedanke der Mitgeschöpflichkeit einem partikularen Ethos zugehört, nämlich dem christlichen. Daher sei im ersten Fall die kategorische normative Feststellung mit ihrem Allgemeinheitsanspruch vertretbar, im zweiten Fall dagegen nicht. Darauf ist zu erwidern, dass selbst dann, wenn das Ethos der Menschenwürde allgemein geteilt würde, die blosse Tatsache, dass etwas *faktisch* von allen für richtig *gehalten wird*, kein Beweis ist dafür, dass es *normativ* richtig *ist*. Ein solcher Anspruch auf normative Richtigkeit aber wird mit dem kategorischen Urteil erhoben, dass die Forschung an embryonalen Stammzellen moralisch abzulehnen ist. Insofern besteht hier eine Begründungslücke, welche eine methodisch reflektierte Ethik dazu veranlassen sollte, auch dort, wo sie von allgemein akzeptierten Topoi ausgeht, auf derartige normative Aussagen zu verzichten und sich *qua Ethik* auf deskriptive Aussagen zu beschränken.

Ich will einen weiteren Grund nennen, der dafür spricht, in diesem Punkt Sorgfalt walten zu lassen und theologische Ethik konsequent als deskriptiv-hermeneutische Ethik zu begreifen. Er hat mit dem Wissenschaftsanspruch der theologischen Ethik zu tun. Dieser gebietet, nur von solchen Voraussetzungen auszugehen, die von jedermann überprüfbar sind. Das ist bei einer Aussage wie jener über die Mitgeschöpflichkeit der Tiere ersichtlich nicht der Fall. Diese argumentiert mit einer Prämisse des christlichen Glaubens, welche sich allgemeiner Überprüfung entzieht. Innerhalb der evangelischen Theologie sind diesbezüglich die Anfragen von unverminderter Aktualität, die vor mehr als einem halben Jahrhundert der Theologe und spätere Philosoph Heinrich Scholz an die Wissenschaftlichkeit evangelischer Theologie gerichtet hat. Gegenüber einer Theologie, die mit Prämissen des Glaubens argumentiert, stellt Scholz die Forderung auf, dass der Wahrheitsanspruch ihrer Prämissen «irgendwie *nachgeprüft*»[2] werden können muss, wenn eine

---

2 H. Scholz, Wie ist evangelische Theologie als Wissenschaft möglich? In: G. Sauter (Hg.), Theologie als Wissenschaft, 1971, 233.

solche Theologie denn als Wissenschaft soll gelten können. Ist doch «ein Wahrheitsanspruch, der sich jeder Nachprüfung entzieht, ... ein undiskutierbarer Wahrheitsanspruch, und wenn wir auch nur soviel verhüten wollen, dass niemand sich unterstehen darf, das Blaue vom Himmel herunterzuholen und es dann als Wissenschaft auszugeben, so werden wir diese Nachprüfbarkeit in jedem Falle verlangen müssen».[3] Scholz, der bei seinen Anfragen insbesondere die Theologie Karl Barths im Blick hat, kommt zu einem negativen Fazit: «Es folgt, dass, wenn eine solche Dogmatik überhaupt als Wissenschaft aufgebaut werden kann, sie jedenfalls an dieser entscheidenden Stelle [sc. der intersubjektiv nachprüfbaren Kontrolle der Wahrheit ihrer Aussagen] aus dem Ring der Wissenschaften heraustritt und etwas ganz anderes werden muss, nämlich ein jeder irdischen Nachprüfung entzogenes persönliches Glaubensbekenntnis im dezidiertesten Sinne des Wortes».[4]

Eine deskriptiv-hermeneutisch verfahrende theologische Ethik entgeht dieser Kritik. Sie fragt nach den sittlichen Implikationen, die sich ergeben, *wenn* Tiere als Mitgeschöpfe betrachtet werden. Sie behauptet also nicht, *dass* Tiere Mitgeschöpfe sind. Sie erhebt also keinen Wahrheitsanspruch für Aussagen des christlichen Glaubens. Das hat, wie gesagt, zur Konsequenz, dass sie sich des normativen Urteils, dass Grausamkeit gegenüber Tieren keine sittlich mögliche Handlung ist, enthalten muss. Sie kann nur deskriptive Aussagen machen von der Art, dass Grausamkeit gegenüber Tieren mit dem christlichen Gedanken der Mitgeschöpflichkeit unvereinbar ist. Diese deskriptive Feststellung ist, wie gesagt, von normativer Relevanz für alle, die am christlichen Ethos partizipieren und Tiere als Mitgeschöpfe betrachten.

Begreift sich die theologische Ethik als deskriptiv-hermeneutische Ethik, dann ist sie in allen ihren Urteilen transparent und von jedermann überprüfbar. Ich habe zuvor drei Aufgaben unterschieden, die sie wahrzunehmen hat. Was die erste betrifft, die Darstellung und Auslegung des christlichen Ethos, so macht diese nicht von unüberprüfbaren Glaubensvoraussetzungen Gebrauch. Sie ist von jedermann anhand der einschlägigen Quellen – den biblischen Texten und den Quellen der

---

[3] Ebd.
[4] AaO. 259.

christlichen Tradition – auf ihre Adäquatheit hin überprüfbar. Dasselbe gilt bezüglich der zweiten Aufgabe, der Beantwortung der Frage, welche Entscheidung oder Handlung bei einem aktuellen moralischen Problem im Sinne des christlichen Ethos ist. Auch das kann von jedermann mitvollzogen und überprüft werden, und es ist dazu nicht Voraussetzung, dass man von der Wahrheit des christlichen Glaubens überzeugt ist. Was schliesslich die dritte Aufgabe betrifft, so ist auch das Bemühen, dem, was im Sinne des christlichen Ethos ist, in der öffentlichen Ethik-Debatte Nachdruck zu verschaffen, frei von nicht nachprüfbaren Voraussetzungen. Dabei geht es ja gerade darum, auf eine auch für Andersdenkende nachvollziehbare und überprüfbare Weise zu argumentieren.

Ich will schliesslich einen letzten Grund nennen dafür, warum die theologische Ethik als deskriptiv-hermeneutische Ethik aufgefasst werden sollte. Er hat mit der pluralistischen Situation zu tun, in der wir leben. Nehmen wir einen Satz wie den folgenden: «Weil das Leben Gott gehört, deshalb ist aktive Sterbehilfe moralisch falsch bzw. verwerflich und sollte unter strafrechtliche Sanktion gestellt bleiben». Diese typisch normative Argumentation leitet aus einer religiösen Prämisse, die nicht von allen Bürgerinnen und Bürgern geteilt wird, eine Konklusion ab, die einen allgemeinen Geltungsanspruch enthält – «Aktive Sterbehilfe ist moralisch falsch bzw. abzulehnen» –, und schliesst daraus auf strafrechtliche Konsequenzen für alle Rechtsunterworfenen. Ich habe dieses Beispiel nicht erfunden, man kann es hier in der Schweiz belegen. Ich halte eine solche Argumentation für unvereinbar mit liberalen Grundsätzen, wie sie für das politische Gemeinwesen der Schweiz fundamental sind. Dazu gehört, dass man eine aus partikular-religiösen Prämissen abgeleitete moralische Überzeugung nicht als für jedermann verbindlich statuieren und dann auch noch strafrechtliche Konsequenzen daraus ableiten kann. Unter den Bedingungen einer liberalen Gesellschaft steht eine solche Argumentation im Widerspruch zu dem biblischen Gebot, der Stadt Bestes zu suchen.

Eine deskriptiv-hermeneutisch verfahrende theologische Ethik müsste sich auf die Feststellung beschränken: «Aktive Sterbehilfe ist unvereinbar mit dem Gedanken, dass alles Leben von Gott kommt und Gott gehört.» Dieser Satz fällt kein normatives Urteil über die aktive Sterbehilfe mit allgemeinem Geltungsanspruch für jedermann. Er hat vielmehr normative Implikationen nur für denjenigen, der jene religiöse Sicht des Lebens teilt. Insofern wird hier keine allgemeine Moral statuiert unter Berufung auf religiöse Prämissen. Das Beispiel macht deutlich, dass es bei der Frage der Konzeption theologischer Ethik nicht nur um eine rein methodologische Frage geht, sondern dass damit weitreichende Implikationen für die Ethik des Politischen verbunden sind.

Es wäre aus meiner Sicht viel gewonnen, wenn wir in diesem Punkt zu einer Verständigung gelangen könnten – nicht zuletzt im Hinblick auf die allgemeine Akzeptanz theologischer Ethik.

Meine zweite Frage: *Können wir uns darüber verständigen, dass das christliche Ethos kein blosses Gebotsethos ist, sondern dass ihm eine tugendethische Ausrichtung wesentlich ist, die ihren Kern in dem hat, was man einst die «theologischen Tugenden» nannte, also in einer Grundausrichtung des Lebensvollzugs im Sinne von Glaube, Hoffnung und Liebe? Können wir uns also darauf verständigen, dass die theologische Ethik, wenn es um die Beurteilung sittlicher Fragen geht, in letzter Instanz von hier ihre Kriterien gewinnen muss (vgl. 1. Kor 16, 14)?*

Bei dieser Frage bin ich mir noch weniger sicher, ob wir zu einem Konsens gelangen können. Skeptisch stimmt die Beobachtung, dass das, was soeben als Kern des christlichen Ethos bezeichnet wurde, in der heutigen theologischen Ethik eine auffallend geringe Rolle spielt. Es würde zu weit führen, der Frage nachzugehen, welches die Gründe hierfür sind. Ich erkläre es mir zum wesentlichen Teil aus dem, was Ernst Tugendhat die «Radikalisierung des Begründungsgedankens»[5] in der Moderne genannt hat. Der Ethik der Moderne liegt ein Handlungsbegriff zugrunde, der von der Warum-Frage her konzipiert ist. Die Antwort hat die dreifache Gestalt von Gründen, Motiven und Ursachen. Orientierend sind dabei allein die Gründe, was sich daran zeigt, dass wir unsere Motive im Lichte von Gründen beurteilen und uns entscheiden können, ob wir ihnen folgen sollen oder nicht. «Sich im Handeln orientieren» ist demzufolge gleichbedeutend mit «sich anhand von Gründen orientieren». Damit fallen alle Orientierungen aus der Ethik

---

5 E. Tugendhat: Antike und moderne Ethik, in: ders., Probleme der Ethik, 1984, 41.

heraus, die nicht den Charakter von *ex-ante*-Gründen haben und auch nicht in solche überführt werden können. Das sind solche, die sich in spontanem Handeln manifestieren, das seinem Begriff nach ausschliesst, dass es *aus einem Grund*, d. h. aufgrund einer Antwort auf eine Warum-Frage erfolgt. Denn in diesem Fall wäre es nicht mehr spontan.

Liebe ist solch eine Orientierung. Ich illustriere das Gemeinte gerne an dem Beispiel von dem Mann, der von mehreren Personen, die sich in einem brennenden Haus aufhalten, nur eine retten kann. Er rettet seine Frau Rose. Warum gerade sie? Er könnte sagen: «Weil ich sie liebe.» Als eine Erklärung *ex post* geht das völlig in Ordnung. Schwierig wird es, wenn man sich dies als einen Grund *ex ante* denkt, *aus dem heraus* er seine Frau rettet. Das würde nämlich bedeuten, dass er sie aufgrund der Beantwortung einer Warum-Frage – «Warum soll ich gerade sie retten?» – gerettet hat, vielleicht gar aufgrund der Antwort «Weil es moralisch geboten ist, in einer solchen Situation die Person vorzuziehen, der man in Liebe verbunden ist». Er hätte sie dann aus Überlegung bzw. aufgrund einer moralischen Erwägung und nicht *aus Liebe* gerettet. Wenn wir sagen, dass jemand etwas aus Liebe oder aus Freundschaft tut, dann meinen wir, dass es die Liebe oder die Freundschaft ist, die ihn dazu bewegt, und nicht eine rationale Überlegung.

Wenn allein Gründe orientierend sind, dann verliert ein Phänomen wie die Liebe jede sittlich orientierende Bedeutung. Sie wird zum «Motiv» oder, wie man auch zu sagen pflegt, zur «Motivation» christlichen Handelns. Anstelle des christlichen Ethos, wie es sich in den theologischen Tugenden konkretisiert, werden die *Gründe*, die die Theologie bereitstellt, zur eigentlichen Quelle sittlicher Orientierung. Die Folge ist eine Theologisierung des Sittlichen. Die Kontroverse zwischen schöpfungstheologischen und christologischen Ansätzen, die in der protestantischen Ethik im vergangenen Jahrhundert geführt worden ist, drehte sich nicht um die Auslegung und zeitgemässe Konkretisierung des christlichen (Tugend-)Ethos, sondern um die richtigen theologischen Begründungen.

Es hängt hiermit noch ein anderes Missverständnis zusammen, nämlich dass theologische Ethik eine *Gebotsethik* sei, die moralische Normen aus Gottes geoffenbartem Willen deduziert: «Ethik und Theologie sind somit durch ihr Interesse an einer normativen Begründung moralischen Handelns miteinander verbunden; im Unterschied zur

Theologie bezieht sich die Ethik jedoch nicht auf einen göttlichen Willen als den Urheber aller moralischen Normen, sondern auf den vernünftigen Willen des Menschen, der sich in autonomer Selbstverfügung im Verbund mit anderen Menschen frei dazu bestimmt, er selbst zu sein».[6] Diese Sätze legen die Vorstellung nahe, dass die «Theologie» den Menschen der Heteronomie göttlicher Imperative unterwirft auf Kosten seiner Freiheit. «Anders als die Theologie versucht die Ethik jedoch ein Begründungsverfahren zu entwickeln, das ohne den Gottesbegriff als oberstes Prinzip auskommt und stattdessen auf Freiheit als ethisches Letztprinzip zurückgeht».[7]

Zumindest evangelische Theologie kann sich in einer solchen Beschreibung nicht wiedererkennen. An ihrem Anfang steht der Impuls der Freiheit. Luthers Freiheitstraktat von 1520, den er selbst als eine kurze Summe seiner Theologie bezeichnet hat, beginnt mit der Doppelthese: «Eyn Christen mensch ist eyn freyer herr über alle Ding / und niemandt unterthan»; und «Eyn Christen mensch ist eyn dienstpar knecht aller ding und yderman unterthan»[8], nämlich im Sinne der Liebe. Die hier gemeinte Freiheit wird von Luther dahingehend charakterisiert, dass der aus Glauben gerechtfertigte und aus Liebe handelnde Christenmensch *frei ist von allen Geboten*. Denn wirkliche Liebe tut das, was sie tut, gänzlich um des anderen willen und nicht deshalb, weil es geboten ist oder weil man sich damit irgendetwas verdienen kann. Daher ist die Befreiung von der Sorge um die eigene moralische Integrität, sei es vor Gott oder den Menschen, die entscheidende Vorbedingung für ein Handeln aus Liebe. Diese Befreiung geschieht durch den rechtfertigenden Glauben: «Also sehen wir, das an dem glaubenn eyn Christen mensch gnug hatt / darff keynis wercks / das er frum sey /

---

[6] A. Pieper: Einführung in die Ethik, ³1994, 111. Ähnlich wie Pieper meint auch Jean-Claude Wolf, dass die Theologie moralische Normen heteronom aus Gottes Willen begründet, und er stellt dem die vernünftige, autonome Begründung von Normen gegenüber. Vgl. J.-C. Wolf: Ethik aus christlichen Quellen, in: A. Holderegger (Hg.), Fundamente der Theologischen Ethik. Bilanz und Neuansätze, 1996, 126-152, 127f.

[7] AaO. 114.

[8] M. Luther: Von der Freiheit eines Christenmenschen, hg. von L. E. Schmitt, ³1954, 37.

darff er den keynis wercks mehr / so ist er gewisslich empunden von allen gepotten und gesetzen / ist er empunden / so ist er gewisslich frey / Das ist die Christlich freiheit ...»[9] Es ist «keyn werck, keyn gepott / eynem Christen nott ... zur seligkeit / sondern er frey ist von allen gepotten / un auss lauterer freyheit / umb sonst thut / alls was er thut / nicht damit gesucht seyness nutzs oder selickeyt ...». Nicht also der Imperativ von Gottes Gebot, sondern die geistliche Ausrichtung des Lebensvollzugs im Sinne der Liebe ist der eigentliche Bestimmungsgrund christlichen Lebens und Handelns. So verstandene Freiheit ist das der evangelischen Theologie bleibend aufgegebene Thema, allen Verirrungen und Verdunkelungen zum Trotz, die es in dieser Hinsicht auch in der protestantischen Theologie- und Ethikgeschichte gegeben hat.

Welchen Status hat dann aber Gottes Gebot? Es gilt hier eine Unterscheidung zu beachten, die nicht nur für die theologische Ethik, sondern für eine jede Moraltheorie grundlegend ist, nämlich die Unterscheidung zwischen «begründen durch» und «rechtfertigen vor». Das christliche Handeln ist nicht in Gottes Gebot begründet, aber es muss jederzeit vor diesem Gebot gerechtfertigt werden können.

Das gilt insbesondere für das Doppelgebot der Liebe, in dem nach Matth. 22, 40 das ganze Gesetz und die Propheten zusammengefasst sind. Auch im Blick auf dieses Gebot gilt die Feststellung Luthers, dass der aus Glauben gerechtfertigte und aus Liebe handelnde Christ frei ist vom Imperativ des Gebots. Denn was er tut, tut er aus Liebe und nicht aufgrund des Gebots der Liebe. Diese Freiheit freilich ist nichts, worüber ein Christ von sich aus verfügt, sondern vielmehr etwas, das ihm kontingent widerfährt. Jenseits und ausserhalb der Befreiung zu solcher Freiheit steht er *unter* der Forderung des Liebesgebots.

Ich muss es bei dieser Erinnerung belassen. Ich möchte aber auf eine Konsequenz hinweisen, welche das bereits angesprochene Problem der Kommunikabilität theologischer Ethik betrifft. Man muss sich hier vergegenwärtigen, dass die Erörterung dieses Problems in aller Regel einer *begründungsorientierten* Auffassung von Ethik und theologischer Ethik verhaftet ist. Das Argument ist bekannt: Eine theologische Ethik, die bei ihren Begründungen von Prämissen des christlichen Glau-

---

[9] AaO. 45.

bens ausgeht, ist nicht allgemein kommunikabel, weil diese Prämissen nicht von allen geteilt werden. Die theologische Ethik kann daher in den ethischen Debatten, wie sie öffentlich geführt werden, nur relevant werden, wenn sie von jedermann zugänglichen Prämissen ausgeht. Wenn ich recht sehe, ist dies der Standpunkt der «autonomen Moral im christlichen Kontext», wie sie auf katholischer Seite vertreten wird und für die es Parallelen auch auf evangelischer Seite gibt. In der Kritik an jener Art von theologisch-ethischen Begründungen gehe ich übrigens ganz mit dieser Position einig, wenn auch aus anderen Erwägungen, die den Status von Glaubensaussagen betreffen. Der christliche Glaube kann gegenüber Aussenstehenden nur *bezeugt*, nicht aber *behauptet* werden.[10] Man macht aber aus ihm eine Behauptung mit allgemeinem Wahrheitsanspruch, wenn man ihn gegenüber Aussenstehenden zur Begründung der eigenen moralischen Position heranzieht. Das ist nicht nur nicht überzeugend, sondern es verfehlt auch das Wesen des christlichen Glaubens.

Die Frage der Kommunikabilität erscheint in einem völlig anderen Licht, wenn man den tugendethischen Charakter des christlichen Ethos in Rechnung stellt. Dann geht es nämlich nicht um die Kommunikabilität von Gründen, sondern um die Kommunikation der christlichen Hoffnung und Liebe und der daraus sich ergebenden Orientierung im Hinblick auf aktuelle ethische Fragen. Da handelt es sich dann nicht um Geltungsfragen, um den diskursiven Nachweis, dass etwas so und so *ist* – nämlich moralisch richtig oder falsch, geboten oder verboten –, sondern um die Anstiftung dazu, etwas in bestimmter Weise *zu sehen* – nämlich mit dem Blick der Hoffnung und Liebe –, so wie dies paradigmatisch durch Texte wie Luk 10, 30ff und deren theologisch-ethische Auslegung geschieht. Wodurch ist die spezifische Sicht charakterisiert, die der christliche Glaube auf das menschliche Leben hat? Und welche Implikationen hat diese Sicht im Hinblick auf heute kontroverse ethische Fragen? Oder wollte jemand ernstlich behaupten, dass die christliche Hoffnung und Liebe nicht kommunikabel sind und

---

10 J. Fischer: Behaupten oder Bezeugen? Zum Modus des Wahrheitsanspruchs christlicher Rede von Gott, ZThK 87. Jg. (1990), 224-244.

dass man sie daher um der öffentlichen Relevanz theologischer Ethik willen besser aus dieser ausklammern sollte?

Gewiss, wird vielleicht mancher sagen, der tugendethische Charakter des christlichen Ethos ist unbestritten. Doch sind die Fragen, mit denen es die heutige Bioethik zu tun hat, normativer Art. Wenn wir es mit Entscheidungen zu tun haben über Schwangerschaftsabbruch oder Sterbehilfe, dann helfen «Haltungen» bzw. Tugenden nicht weiter. Vielmehr brauchen wir Kriterien normativer Art, aus denen sich Entscheidungen ableiten lassen. Das Tugendethos hat etwas zu tun mit der Ausrichtung der Lebensführung im Ganzen. Doch hat es seine Grenze da, wo es um die Entscheidung konkreter moralischer Probleme geht.

Dazu ist Mehreres zu sagen. Zweifellos gehört das Verhältnis von tugendethischer und normativer Orientierung zu den klärungsbedürftigen Fragen heutiger Ethik. Das gilt in besonderem Masse für die biomedizinische Ethik.[11] Einerseits gilt es hier zu sehen, dass es sich bei den christlichen «Tugenden» nicht bloss um «Haltungen», sondern um *Orientierungen* handelt. Liebe im Verständnis der christlichen Tradition ist, wie gesagt, nicht bloss motivierend, sondern orientierend, und zwar auf der Ebene der intuitiven Orientierung. Und es gilt andererseits zu sehen, dass auch die normative Orientierung von dieser intuitiven Ebene her gesteuert ist. Alle normative Reflexion und Argumentation bewegt sich immer auf zwei Ebenen zugleich: auf der Ebene sprachlicher Ausdrücke und Sätze und auf der Ebene von Vorstellungen und damit verknüpften Intuitionen.[12] Den christlichen Tugenden kommt damit fundamentale Bedeutung zu gerade für die Entscheidung normativer Fragen, eben weil sie den intuitiven Blick ausrichten, mit dem diese Fragen angesehen werden. Eine Mahnung wie 1. Kor 16, 14: «Alle eure Dinge lasset in Liebe geschehen!» beansprucht Geltung auch für das Urteil in moralischen Fragen. Die Abkoppelung der normativen Reflexion von den theologischen Tugenden, so als fände sie ihre Kriterien unabhängig von diesen, überhaupt die Entgegensetzung von normativer und tugendethischer Orientierung steht in klarem Widerspruch zur christlichen Tradition.

---

[11] Vgl. dazu in diesem Buch den Beitrag über die Arzt-Patienten-Beziehung 15ff.
[12] Vgl. dazu in diesem Buch den Beitrag 51ff. besonders 54ff.

Meine dritte Frage: *Können wir uns darüber verständigen, dass der Schlüssel zum rechten Verständnis des christlichen Ethos in der Einsicht in dessen geistlichen Charakter liegt?*

Die theologische Tradition hat Glaube, Hoffnung und Liebe als *geistliche* Tugenden verstanden. Wer versteht das heute noch?

Am Besten verdeutlicht man sich, was es mit der christlichen Rede von ‹Geist› auf sich hat, indem man fragt, was den Geist der Liebe von einem Gefühl der Liebe unterscheidet. Ein erstes offensichtliches Unterscheidungsmerkmal liegt darin, dass das Gefühl der Liebe individuell zuschreibbar ist als «mein», «dein» oder «ihr» Gefühl. Der Geist der Liebe entzieht sich individueller Zuschreibung. Ein zweiter Unterschied besteht darin, dass das Gefühl der Liebe auf eine bestimmte Person gerichtet ist, während der Geist der Liebe auf den Nächsten in der Person des Anderen hin sich ausrichtet. Der Nächste kann in vielen Personen begegnen. Offenbar lässt sich dies verallgemeinern: Das Gefühl der Hoffnung ist auf etwas Bestimmtes gerichtet, das erhofft wird, der Geist der Hoffnung dagegen lässt in vielem hoffen (vgl. 1. Kor 4, 10).[13] Damit hängt ein drittes Unterscheidungsmerkmal zusammen: Das Gefühl der Liebe – und auch der Hoffnung – kann enttäuscht werden, der Geist der Liebe bzw. Hoffnung jedoch nicht. Schliesslich liegt ein viertes Unterscheidungsmerkmal darin, dass das Gefühl der Liebe durch die individuellen Eigenschaften der geliebten Person hervorgerufen wird, der Geist der Liebe jedoch von diesen unabhängig ist. Man muss für einen Anderen kein Gefühl der Liebe empfinden, um ihm dennoch im Geist der Liebe zugewandt sein zu können.

Geist hat offenbar etwas zu tun mit einer symbolischen Strukturierung[14] der Lebenswirklichkeit, die in den Phänomenen noch etwas Anderes sehen lässt als das, was an ihnen beobachtet werden kann. So

---

[13] Die christliche Hoffnung büsst daher ihren geistlichen Charakter ein, wenn sie – wie dies z. B. in der «Theologie der Revolution» intendiert war – auf einen bestimmten, in der Zukunft lokalisierbaren Zustand im Sinne einer sozialpolitischen Option bezogen wird.

[14] Der Ausdruck ist in dem weiten Sinne eines Verweisungszusammenhanges zu nehmen: Das vor Augen Liegende verweist auf etwas anderes, das in ihm präsent ist.

im bedürftigen Menschen den Nächsten. Oder in Verfolgung und Leiden die Teilhabe am Sterben Jesu, auf dass auch das Leben Jesu darin offenbar wird (vgl. 2. Kor 4, 8-10). Wie die Beispiele verdeutlichen, hat dieses Andere den Charakter eines Geschehens oder einer Geschichte mit einer bestimmten Struktur und einem bestimmten Ausgang. Im Falle des Nächsten ist es ein Geschehen, das mit der Bedürftigkeit eines Menschen zu tun hat und damit, wie andere sich dieser Bedürftigkeit annehmen (vgl. Luk 10, 30ff). Mit dem Nächsten in Gestalt eines bedürftigen Menschen konfrontiert zu sein heisst daher: Involviertsein in eine Geschichte. Und zwar in eine Geschichte, die einen bestimmten Verlauf nimmt und in der das Entscheidende aussteht und darauf wartet, getan zu werden. Wie man ja auch sagen kann, wenn einem dergleichen widerfährt: «Da steckte ich mitten drin in einer Geschichte», um zum Ausdruck zu bringen, dass man in Beschlag genommen worden ist durch etwas, dem man sich nicht entziehen konnte. Ähnliches gilt von der christlichen Hoffnung, wie jene Stelle aus dem zweiten Korintherbrief verdeutlicht. Auch hierbei handelt es sich um ein Involviertsein in eine Geschichte – die Geschichte des Gekreuzigten und Auferstandenen –, die im Sinne der Hoffnung gerichtet macht im Hinblick auf das, was an ihr noch aussteht.

Geist manifestiert sich in einer bestimmten Ausrichtung der Intuition[15] und damit des Lebensvollzugs über die symbolische Strukturierung der Lebenswirklichkeit, die in den Dingen und Ereignissen über deren empirische Eigenschaften hinaus etwas sehen lässt, das eine bestimmte Geschehensstruktur hat. Geist in diesem Verständnis ist keineswegs auf den Bereich des Religiösen beschränkt. Jeder gelebten Praxis wohnt ein ihr eigentümlicher Geist inne, der sich über die Teilhabe an dieser Praxis vermittelt. Man stelle sich ein Kind vor, das in einem sozialen Umfeld aufwächst, in dem man es sich zur Regel macht, Regenwürmer oder Schnecken, die sich in heisser Sonne auf den Strassenasphalt verirrt haben, aufzuheben und in den schützenden Schatten des Gebüschs zurückzutragen. Die Gewöhnung an diese Praxis hat die Wirkung, dass das Kind, wenn es selbst mit einer solchen Situation konfrontiert ist, in dem Wurm nicht nur den Wurm sieht, sondern

---

[15] Vgl. zu diesem Begriff in diesem Buch 54ff.

auch die Handlung, die darauf wartet, getan zu werden. Ebenso prägt die Art und Weise, wie im eigenen Lebensumfeld Menschen miteinander umgehen, die intuitive Vorstellung davon, welches Handeln einem Menschen gegenüber angemessen ist, so dass wir dort, wo dieser Vorstellung zuwider gehandelt wird, intuitiv aufgescheucht sind. In dieser Ausrichtung der Intuition hat die sittliche Orientierung ihre tiefsten Wurzeln, und sie ist für unsere Alltagsorientierung weitaus fundamentaler als ausformulierte moralische Regeln und Prinzipien. Sie ist daher in einem besonderen Masse schutzwürdig. Denn die Intuition kann verrohen. Wo die Erniedrigung, das Quälen und Töten von Menschen alltäglich ist wie in manchen Bürgerkriegsregionen der Welt, da sind die Intuitionen andere in Bezug darauf, was einem Menschen angemessen und geschuldet ist. Nicht zuletzt um solcher Verrohung der Intuition vorzubeugen, braucht es normative Leitplanken moralischer und rechtlicher Art, welche festlegen, welche Handlungen in einem Gemeinwesen unter allen Umständen geächtet und verboten sein sollen.

Eine wichtige Konsequenz dieser Überlegungen ist, dass alles Handeln hiernach in einer zweifachen Weise folgeträchtig ist. Es ist folgeträchtig im Hinblick auf seine kausalen Wirkungen in der Welt. Und es ist folgeträchtig im Hinblick auf den Geist, der sich durch es hindurch vermittelt. In religiöser Sicht ist die zweite Art der Folgeträchtigkeit die vorrangige und entscheidende. Denn was können Menschen einander Wichtigeres weitervermitteln als einen dem individuellen und gemeinschaftlichen Leben förderlichen Geist?

Das Entscheidende an der Lieblosigkeit liegt in dieser Sicht nicht so sehr in der Handlung oder Unterlassung, in der sie unmittelbar besteht. Es besteht vielmehr darin, dass sie dem Anderen den Geist der Liebe schuldig bleibt in Gestalt einer sich auf ihn übertragenden, ihn mitausrichtenden Gerichtetheit des Lebensvollzugs. Es ist diese Tatsache der wechselseitigen Einwirkung aufeinander über die Gerichtetheit, die sich in einem Handeln oder Verhalten zeigt, welche für die religiöse Sicht des menschlichen Handelns grundlegend ist. Nur von daher versteht man die sittliche Bedeutung der theologischen Tugenden als den eigentlichen Kern des christlichen Ethos. Von ihnen geht eine gestaltende und verändernde Wirkung auf das individuelle und gemeinschaftliche Leben aus. Dazu ergeht der Ruf in die «Nachfolge». Hier liegt ein fundamentaler Unterschied zur modernen Sicht, für die

die wechselseitige Beeinflussung des Handelns und Verhaltens über Gründe und Motive erfolgt.

An all dies wenigstens in Kürze zu erinnern scheint mir wichtig zu sein in einer Situation, in der die erste, kausale Art der Folgeträchtigkeit, der Triumph der technologischen Machbarkeit, allbeherrschend ist und auch noch die Perspektive auf das menschliche Leben bestimmt. In dieser Perspektive scheint das menschliche Wohlergehen einseitig eine Frage des Fortschritts unserer technologischen Möglichkeiten zu sein. Besonders die Fortschritte im Bereich der Biologie und Medizin sind geeignet dazu zu verleiten, «Wunschvorstellungen eines geglückten Lebens auf Technisches»[16] zu projizieren. Die geistliche Dimension menschlicher Existenz, die Frage nach der Grundausrichtung unseres Lebensvollzugs droht darüber in Vergessenheit zu geraten. Dieses Missverhältnis reicht bis in die Ethik der Gegenwart. Auch sie fasst in aller Regel Handeln nur im Sinne der ersten Art der Folgeträchtigkeit auf, und da geht es dann um normative Fragen, darum, was man dürfen soll und was nicht, wo dem technologisch Möglichen Grenzen zu ziehen sind und wie das zu begründen ist.

Meine vierte Frage leitet zur biomedizinischen Ethik über: *Können wir uns darauf verständigen, dass im Zentrum einer biomedizinischen Ethik in theologischer Perspektive die Frage nach dem Geist zu stehen hat, von dem unser Umgang mit menschlichem Leben bestimmt ist bzw. bestimmt sein soll?*

Hier bin ich mir nun überhaupt nicht mehr sicher, ob das konsensfähig ist, und ich rechne mit Unverständnis und Widerspruch. Gemessen an dem, was heute in der biomedizinischen Ethik diskutiert wird, klingt das ziemlich abseitig. Dort geht es um normative Fragen und die Suche nach Gründen und Begründungen, die es uns ermöglichen, diese Fragen zu entscheiden. So ist etwa die Diskussion über die verbrauchende Forschung an Embryonen ganz auf den moralischen Status des Embryos zentriert, d. h. auf die Frage, ob dieser an der Menschenwürde partizipiert oder nicht. Begriffe wie ‹Würde› oder ‹intrinsischer Wert›

---

16 K. Ott: Technik und Ethik, in: J. Nida-Rümelin (Hg.), Angewandte Ethik. Die Bereichsethiken und ihre theoretische Fundierung, 1996, 650-717, 704.

verdanken sich ja überhaupt erst normativen Begründungsdiskursen und sind an diese gebunden. Sie benennen etwas, das Antwort gibt auf Warum-Fragen einer bestimmten Art: Warum sollen Embryonen nicht der Forschung zur Verfügung stehen? Weil sie Würde bzw. intrinsischen Wert haben. ‹Würde› bzw. ‹intrinsischer Wert› meint eben das, was begründet, warum mit Menschen oder anderen Lebewesen nicht beliebig verfahren werden darf.

Während bei dieser Art der Fragestellung der Embryo im Zentrum steht als die Quelle sittlicher Pflichten, lenkt die Frage nach dem Geist unseres Umgangs mit menschlichem Leben den Blick auf diesen Umgang selbst, genauer auf die Art, wie wir darin dem menschlichen Leben zugewandt sind. In der tugendethischen Perspektive des christlichen Ethos liegt in dieser Zugewandtheit das sittlich Entscheidende.

Diese Zugewandtheit gilt dem konkreten, individuellen Menschen. Das christliche Ethos steht daher in Spannung und Gegensatz zu jeder Form ethischen Denkens, bei dem Menschen nur nach Regeln, d. h. als Fall von etwas Allgemeinem betrachtet und behandelt werden. Selbstverständlich konkretisiert sich auch das christliche Ethos in Regeln. Es war bereits von notwendigen normativen Leitplanken die Rede, deren jedes Ethos bedarf. Doch stehen im Falle des christlichen Liebes-Ethos solche Regeln unter dem Vorbehalt, dass es Situationen geben kann, die aus dem Rahmen geltender Regeln herausfallen und überhaupt nicht nach Regeln beurteilt werden können. Die ethische Tradition spricht diesbezüglich von Einzelfallgerechtigkeit. Liebe im Sinne des christlichen Ethos hält dazu an, hinzuschauen, die konkrete Situation Betroffener zu möglichst genauer Anschauung zu bringen, und erst dann zu urteilen. Das steht übrigens in Spannung und Gegensatz auch zu einem theologischen Begründungsdenken, welches aus Prämissen des Glaubens kategorische normative Urteile über Zulässiges und Unzulässiges ableitet, ohne diese noch einmal im Blick auf mögliche Einzelfälle und Konfliktsituationen zu relativieren.

Man wünschte sich, dass die Kirchen und die Theologie aufgrund des Ethos, das sie zu vertreten haben, in den einseitig normativ geführten bioethischen Debatten einen deutlich anderen Akzent setzen würden. Entgegen einem gewissen sich der Öffentlichkeit vermittelnden Eindruck ist die christliche Ethik keine divine-commands-Ethik, die im Wesentlichen auf Verbote hinausläuft. Es ist eine genuine Aufgabe der

Kirchen und der theologischen Ethik, im Bewusstsein zu halten, dass es, wenn es um menschliches Leben geht, nicht nur um Fragen des moralischen Status geht, sondern vielmehr um die Grundeinstellung, von der der Umgang mit menschlichem Leben geprägt ist. Sie ist entscheidend dafür, wie in Kliniken und Pflegeheimen Kranke, Behinderte oder Sterbende betreut und begleitet werden.

Insbesondere ist hier daran zu erinnern, dass das christliche Ethos nicht bloss auf Liebe reduziert werden darf, sondern dass entscheidend auch die Hoffnung dazu gehört. Liebe ohne Hoffnung kann pervertieren. Es macht einen grossen Unterschied, ob behindertes Leben, ob Krankheit und Sterben mit hoffender Liebe angesehen und begleitet werden oder mit einer Liebe, die ohne Hoffnung ist. Dieser Unterschied hat Konsequenzen nicht nur für die Praxis in den Spitälern und Pflegeheimen. Er hat Konsequenzen auch für die Einstellung zum ganzen Komplex der Sterbehilfe und für den Umgang mit schwerstbehindertem Leben. Liebe ohne Hoffnung wird eher dazu tendieren, Leben zu beenden und dies als einen Akt der Barmherzigkeit zu verstehen. Vorfälle in Pflegeheimen wie kürzlich in Luzern sorgen immer wieder für Schlagzeilen. Es kennzeichnet die Geschichte christlicher Liebestätigkeit, dass sie Ausdruck einer Liebe ist, in der sich immer auch die Hoffnung bezeugt. Ich halte es für ein Problem, dass die Kirchen und teilweise auch die Theologie in der Frage der Sterbehilfe vor allem normativ argumentieren – das Leben gehört Gott und daher darf der Mensch nicht darüber verfügen –, statt etwas von dem Geist hoffender Liebe zu kommunizieren, der doch hier das Entscheidende ist und der den christlichen Umgang mit Behinderung, Krankheit und Sterben in der Vergangenheit geprägt hat und auch heute prägen sollte.

Ich komme damit zu meiner fünften Frage, und bei ihr bin ich ganz sicher, dass sich die Geister endgültig scheiden. Sie lautet: *Können wir uns darauf verständigen, dass aus christlicher Sicht menschliches Leben nicht an sich schützenswert ist, sondern einzig und allein deshalb, weil es das Leben eines Menschen ist, eines existierenden oder eines werdenden? Dass also menschliches Leben, das nicht Leben eines existierenden oder werdenden Menschen ist, für Zwecke medizinischer Forschung oder Therapien zur Verfügung gestellt und gebraucht werden darf?*

Dieser Punkt betrifft die zweite der genannten drei Aufgaben theologischer Ethik, die Konkretisierung des christlichen Ethos im Hinblick auf aktuelle ethische Fragen. Ich verdeutliche sie aus aktuellem Anlass an der umstrittenen Forschung an menschlichen Embryonen. Ich sagte bereits, dass die ethischen Aspekte solcher Forschung heute vor allem in normativer Hinsicht erörtert werden und dass dabei die Frage des moralischen Status des Embryos im Zentrum steht. Das gilt auch für die meisten theologischen Beiträge zu dieser Frage. Ich will daher zunächst eine kurze Bemerkung hierzu machen und mich dann der tugendethischen Perspektive zuwenden.

Eine typische Argumentation bezüglich des moralischen Status des Embryos findet sich in der gemeinsamen Stellungnahme der deutschen Kirchen «Gott ist ein Freund des Lebens» von 1989. Dort wird dafür argumentiert, dass die Aussagen über die Gottebenbildlichkeit bzw. Würde des Menschen auch auf das vorgeburtliche Leben zu beziehen sind, dass diesem daher derselbe Schutz zuzubilligen ist wie dem geborenen Leben. Zur Begründung beruft man sich auf die embryologische Forschung, die zu dem eindeutigen Ergebnis geführt habe, «dass von der Verschmelzung der Eizelle und Samenzelle an ein Lebewesen vorliegt, das, wenn es sich entwickelt, gar nichts anderes werden kann als ein Mensch». Ferner wird das sogenannte Kontinuitätsargument ins Feld geführt, wonach sich in der Entwicklung des Embryos keine Einschnitte feststellen lassen, an denen etwas Neues hinzukommt, das vorher noch nicht da war. Es wird daraus aber nicht der Schluss gezogen, dass der Embryo von Anfang an im vollen Sinne als ein Mensch zu betrachten ist. Vielmehr wird ein Unterschied gemacht zwischen «individuellem menschlichen Leben», als das der Embryo anzusehen ist, und einem Menschen. «Beim vorgeburtlichen Leben handelt es sich somit nicht etwa bloss um rein vegetatives Leben, sondern um individuelles menschliches Leben, das als menschliches Leben immer ein werdendes ist. Es kann darum nicht strittig sein, dass ihm bereits ein schutzwürdiger Status zukommt und es nicht zum willkürlichen Objekt von Manipulationen gemacht werden darf».

Niemand wird bestreiten, dass das aus der Verschmelzung von menschlicher Ei- und Samenzelle hervorgehende Lebewesen, wenn es sich entwickelt, nur ein Mensch werden kann. Die entscheidende Frage ist jedoch: Inwiefern lässt sich hieraus irgendetwas schlussfolgern für den Fall, dass es sich *nicht* entwickelt oder entwickeln kann, es also *kein* Mensch wird, sondern etwas anderes bleibt als ein Mensch? Denn das wird ja durch jenen Satz zwingend nahegelegt: *Wenn* es sich entwickelt, wird es ein Mensch, ansonsten ist und bleibt es etwas anderes, wie immer man dieses andere beschreiben mag, ob als «Lebewesen» oder als «individuelles menschliches Leben» oder auf andere Weise. Inwiefern ist man dann aber berechtigt, auf dieses andere, das nicht ein Mensch ist und sich nicht zu einem Menschen entwickelt, jene Prädikate zu übertragen, die dem Menschen zukommen, wie Gottebenbildlichkeit oder Würde?

Kann es denn unter Theologinnen und Theologen strittig sein, dass in der Sicht sowohl der Bibel als auch der gesamten christlichen Tradition diese Prädikate nur vom Menschen ausgesagt werden können? Die Auszeichnung des Menschlichen, wozu auch das Gebot gehört «Du sollst nicht morden», bezieht sich auf den Menschen. Wenn man also die Schutzwürdigkeit menschlichen Lebens von dorther begründet, dann ist menschliches Leben schutzwürdig, weil und sofern es das Leben eines Menschen ist. Die Rede von einer Würde oder gar Heiligkeit des menschlichen Lebens als solchen, unabhängig davon, ob es Leben eines Menschen ist, ist unbiblisch – ich würde so weit gehen zu sagen: heidnisch – und sie lässt sich auch nicht aus der christlichen Tradition begründen.

Die Frage ist damit, inwiefern und in welchem Sinne im Blick auf einen Embryo im Stadium der ersten Zellteilungen von einem Menschen geredet werden kann. Es ist hier nicht Raum, diese Frage in der notwendigen Differenziertheit zu erörtern[17] Ich will nur so viel dazu anmerken, dass ich es für möglich halte, dass man vom gemeinsamen christlichen Ausgangspunkt her in dieser Frage zu unterschiedlichen Auffassungen gelangen kann.

Betrachten wir das Problem nun noch aus tugendethischer Perspektive, dann gelangt man zum selben Resultat: Nicht menschliches Leben als solches, sondern der Mensch, dessen Leben es ist, ist Bezugspunkt der Liebe im christlichen Verständnis. Die Fürsorge für das menschliche Leben ist daher ganz und gar daran orientiert, dass es das Leben

---

17 Vgl. in diesem Buch 111ff.

eines existierenden oder werdenden Menschen ist. Gegenüber etwas, das nur die genetische Potenzialität zu einem Menschen besitzt, ohne ein werdender Mensch zu sein, bestehen keine Pflichten der Liebe. Pointiert gesagt, mit Blick auf die sogenannten «überzähligen» Embryonen aus der In-vitro-Fertilisation: Der Geist unseres Umgangs mit menschlichem Leben erweist sich entscheidend daran, dass im Zentrum unserer Fürsorge Menschen stehen und nicht totipotente Zellen, für die keinerlei Aussicht besteht, dass sie sich je zu Menschen entwickeln.

Meine sechste Frage: *Können wir uns in Fragen wie Schwangerschaftsabbruch oder Präimplantationsdiagnostik über die Konfliktregelungsfunktion des Rechtes verständigen?*

Ich stelle diese Frage deshalb in den Raum, weil auch hier die Auffassungen auseinander gehen dürften, nicht zuletzt aufgrund konfessionsbedingter Differenzen. Die protestantische Sicht tendiert dazu, das Recht von seiner Konfliktregelungsfunktion her zu begreifen. Das Recht kann das moralisch Gebotene letztlich nicht erzwingen. Es hat die Funktion, eine Realität zu ordnen, die in vieler Hinsicht hinter dem moralisch Gebotenen zurückbleibt. Dieser Auffassung des Rechtes liegen in theologischer Hinsicht zwei Motive zugrunde, einerseits eine bestimmte Sicht des Menschen, der zufolge dieser in Konflikte verstrickt werden kann, in denen er die innere Freiheit nicht aufbringt, um das eigentlich Aufgegebene zu tun, andererseits die Perspektive der Liebe, die nicht zuletzt mit den Mitteln des Rechtes bestrebt ist, eine konflikthafte Realität so zu ordnen, dass Menschen in ihr leben können.

Der Schwangerschaftsabbruch ist paradigmatisch für einen solchen Konfliktregelungsbedarf. Wie die Erfahrung der Vergangenheit zeigt, hat das mit Sanktionen bewährte Verbot des Schwangerschaftsabbruchs Abtreibungen in grosser Zahl nicht verhindern können. Gleichzeitig aber wurde dadurch auf die betroffenen Frauen ein Zwang ausgeübt, der sich in ethischer Hinsicht schwerlich rechtfertigen lässt. Wenn eine Frau gegen ihren Willen zur Austragung einer Schwangerschaft gezwungen wird, dann stellt dies eine Verletzung ihrer personalen Integrität dar.

Wohlgemerkt, es geht in dieser Frage nicht um eine «Güterabwägung» zwischen dem Lebensrecht des Ungeborenen und dem Selbstbestimmungsrecht der Frau. Davon kann schon deshalb keine Rede sein, weil gar nicht – positiv – die Selbstbestimmung der Frau der entscheidende Punkt ist, sondern – negativ – die Tatsache, dass sie nicht zur Austragung einer Schwangerschaft gezwungen werden darf. Ob der Schwangerschaftsabbruch, den sie möglicherweise vornimmt, ein Akt der Selbstbestimmung ist oder etwas Anderes, ist in diesem Zusammenhang völlig unerheblich. Die Begründung des Schwangerschaftsabbruchs mit dem Selbstbestimmungsrecht der Frau ist in moralischer Hinsicht zuhöchst fragwürdig. Hat nicht auch aus der Perspektive der betroffenen Frau der Gedanke etwas Abgründiges, dass sie mit keiner anderen und besseren Rechtfertigung als der ihrer Selbstbestimmung das Leben eines werdenden Menschen beendet? Des Weiteren ist überhaupt nicht zu sehen, wie zwischen dem Lebensrecht des Embryos und der Selbstbestimmung der Frau eine Güterabwägung soll vorgenommen werden können. Wie will man so Unvergleichbares gegeneinander abwägen? Vor allem dann, wenn dem Ungeborenen die volle Menschenwürde zuerkannt wird, ist er doch wohl jeglicher Güterabwägung entzogen.

Begründet werden kann die rechtliche Liberalisierung des Schwangerschaftsabbruchs nicht mit einer Güterabwägung, sondern allein mit der Konfliktregelungsfunktion des Rechtes. Dieses muss einen Ausgleich zwischen zwei Zielen herstellen, die in nicht auszuräumender Spannung zueinander stehen, nämlich dem Schutz des ungeborenen Lebens und der Wahrung der Integrität der Schwangeren. In Deutschland hat man diesen Ausgleich über das Beratungsmodell zu schaffen versucht, das ich in der Sache für angemessen halte.

In der Debatte über den Schwangerschaftsabbruch trifft man immer wieder auf eine fragwürdige Vermengung moralischer und rechtlicher Aspekte. Man ist gegen die *rechtliche* Liberalisierung des Schwangerschaftsabbruchs, weil man *moralisch* die Tötung ungeborenen Lebens verurteilt. Man erwartet also vom Recht, dass es das in moralischer Hinsicht Gebotene eins zu eins in Gesetzesform abbildet. Und man verschliesst dabei die Augen vor der Realität des Schwangerschaftskonflikts, die, wie gesagt, auch bei strengen Sanktionen zu einer grossen Zahl von Schwangerschaftsabbrüchen führt. Das Recht kann sich nicht nur nach der Moral, sondern es muss sich nach den Realitäten richten, in denen es seine Ordnungsfunktion auszuüben hat. Wer vom Recht erwartet, dass es die Moral abbildet, der verkennt die Funktion des Rechtes.

Ähnliche Überlegungen wie beim Schwangerschaftsabbruch lassen sich im Hinblick auf die Präimplantationsdiagnostik (PID) anstellen. Auch hier kann rechtlich weder erzwungen werden, dass Eltern mit einer genetischen Disposition für ein behindertes Kind auf ihren Kinderwunsch verzichten, noch, dass sie ein behindertes Kind bekommen, und so stellt sich die Frage, was das kleinere Übel ist, PID oder eine «Schwangerschaft auf Probe» mit nachfolgendem Schwangerschaftsabbruch im Falle einer Behinderung. Diesbezüglich kann man je nach Einschätzung des Status des Embryos verschiedener Auffassung sein. Nicht strittig sollte sein, dass das Recht am Ziel orientiert sein sollte, eine lebbare Ordnung zu schaffen in einer Welt von Konflikten, in der es Menschen häufig an der inneren Freiheit zum eigentlich moralisch Gebotenen fehlt.[18]

Meine letzte Frage: *Können wir uns verständigen über die Art und Weise, in der sich die theologische Ethik in der öffentlichen Debatte über bioethische Fragen engagieren soll?*

Ich will zunächst an den Einwand erinnern, mit dem sich die theologische Ethik im Hinblick auf ihr öffentliches Engagement konfrontiert sieht. Die theologische Ethik, so wird gesagt, vertritt ein partikulares Ethos, oder sie argumentiert gar «metaphysisch»[19] von Prämissen des christlichen Glaubens aus. Für die öffentliche Urteilsbildung und Entscheidungsfindung in bioethischen Fragen aber sind Gründe erfordert, die von jedermann rezipiert werden können. Darauf muss nicht zuletzt deshalb bestanden werden, weil es bei den meisten bioethischen Fragen zugleich um rechtliche Regelungen geht, die mit entsprechenden Sanktionen verbunden sind. Die Legitimität und Begründung dieser Rege-

---

[18] Zur PID vergleiche die differenzierten Abwägungen in P. Caesar: Präimplantationsdiagnostik. Thesen zu den medizinischen, rechtlichen und ethischen Problemstellungen, Bericht der Bioethik-Kommission des Landes Rheinland-Pfalz vom 20. Juni 1999, Ministerium der Justiz Rheinland-Pfalz.

[19] Vgl. G. Patzig: Ethik ohne Metaphysik, 1971.

lungen sollte daher nach Möglichkeit für alle Rechtsunterworfenen einsehbar sein. Rein religiöse Begründungen müssen daher ausscheiden.

Ersichtlich ist dieser Einwand am Konzept normativer Ethik orientiert. Ethik hat hiernach die Aufgabe, normative Begründungen bereitzustellen dafür, dass und warum etwas moralisch geboten, verboten oder erlaubt, richtig oder falsch ist. Man stellt sich dabei die öffentliche Rolle der Ethik so vor, dass sie in Wahrnehmung dieser ihrer Begründungsaufgabe eine gemeinsame, für alle Vernünftigen und rational Denkenden verbindliche Plattform schafft, die den Pluralismus religiöser, kultureller und sozialer Milieus überspannt. Eine theologische Ethik, welche selbst einem bestimmten partikularen Milieu verhaftet ist, ist für diesen Zweck ungeeignet.

Kritisch ist dazu zu sagen, dass der Anspruch normativer Ethik, über den gesellschaftlichen Pluralismus hinweg allgemein akzeptierte Gründe und Begründungen bereitzustellen, faktisch kaum je eingelöst wird. Die Uneinigkeit beginnt bereits unter den philosophischen Ethikerinnen und Ethikern, die sich auf keine gemeinsamen Positionen verständigen können. Das war beim Schwangerschaftskonflikt so, und das ist heute bei der Debatte über embryonale Stammzellen so. Wie schon an anderer Stelle gesagt, liegt das eigentliche Problem dieser Auffassung von der normativen Aufgabe der Ethik in der Tatsache, dass die sittlichen Fragen, die uns tatsächlich bewegen – Sterbehilfe, Abtreibung usw. –, sich nicht auf der Ebene der ethischen Theorie, sondern auf dem Hintergrund eines gelebten Ethos entzünden und daher in der Perspektive dieses Ethos und nicht in der Perspektive einer von allen konkreten Ethosgestalten abstrahierenden philosophischen Reflexion beantwortet sein wollen. Man kann sich dies leicht klar machen: Wenn man uns, wie Peter Singer dies versucht hat, eine absolut stringente Argumentation vorlegt dafür, dass unter bestimmten Bedingungen schwerstbehinderte Säuglinge in den ersten Tagen nach der Geburt getötet werden dürfen, und wenn dies in diametralem Widerspruch steht zu dem Ethos, dem wir uns verpflichtet fühlen, dann werden wir uns an das Ethos halten und nicht an das philosophische Argument. Die Klärung der Implikationen eines Ethos im Hinblick auf ein gegebenes moralisches Problem aber ist Sache einer deskriptiv-hermeneutischen Ethik.

Zur öffentlichen Urteilsbildung und Entscheidungsfindung in moralischen Fragen ist also diese Art von Ethik und nicht normative Ethik erfordert. Hier liegt die Bedeutung des Beitrags der theologischen Ethik. Aus meiner Sicht ist er nicht nur für Gläubige von Interesse und Relevanz. Kann man die Frage nach dem Geist unseres Umgangs mit menschlichem Leben nicht auch im öffentlichen Raum stellen? Ist das, was darüber ausgeführt wurde, nicht allgemein kommunikabel? Und ist nicht auch jener sehr bestimmte Geist kommunikabel, der im christlichen Ethos Gestalt gewonnen und der die Geschichte christlicher Liebestätigkeit geprägt hat? Gewiss, man kann diesen nicht «begründen», und ein auf Begründungsdiskurse fixierter mainstream der professionellen Ethik wird sich davon kaum beeindrucken lassen. Aber man kann ihn vor Augen stellen und sehend für ihn machen.

Es wäre freilich ein falsches Bild, wenn man meinte, der theologische Ethiker müsse sich in seiner konkreten Praxis etwa in Ethik-Kommissionen ständig explizit auf die christliche Tradition oder das christliche Ethos beziehen. Er kann dessen Geist darin vergegenwärtigen, wie er einen bestimmten Fall betrachtet, auf welche Aspekte er aufmerksam macht, was er zu bedenken gibt. Und das gilt auch für seine wissenschaftliche Arbeit.

Schliesslich ein Letztes: Natürlich brauchen wir in der biomedizinischen Ethik allgemein anerkannte normative Standards, Grundsätze und Richtlinien. Und natürlich soll sich auch der theologische Ethiker an deren Ausarbeitung und Etablierung beteiligen. Ich betone dies zum Schluss, weil mir bewusst ist, dass die hier vorgelegten Ausführungen ein stark normativitätskritisches Gefälle haben. Das hängt mit der gegenwärtigen normativen Ausrichtung der Ethik – auch der theologischen – zusammen. Wir benötigen gemeinsame Grundsätze und Richtlinien. Doch bleibt entscheidend auch hier, dass diese nicht nur ihrem Buchstaben, sondern dem Geist nach genommen und gehandhabt werden, von dem sie inspiriert sind. Auf diese Dimension hinzuweisen und sie im Bewusstsein zu halten ist eine genuine Aufgabe theologischer Ethik.

Verständigung in gesellschaftlicher Pluralität. Über die schwierige Beziehung zwischen Forschung und Ethik[1]

Im Zeitalter von «Dolly», von therapeutischem Klonen und der sich abzeichnenden Möglichkeit reproduktiven Klonens beim Menschen wird von niemandem ernstlich bestritten, dass wissenschaftliche Forschung eine moralische Dimension hat, die ethische Fragen aufwirft. Diese moralische Dimension ist völlig unabhängig von der Art des moralischen Standpunkts. Auch derjenige, der keine moralischen Bedenken hat im Hinblick auf die Nutzung jener neuen technologischen Möglichkeiten, bezieht doch damit eine moralische Position. Daher ist das Bild irreführend, das sich bei der öffentlichen Debatte um jene Fragen mitunter einstellt, nämlich dass auf der einen Seite jene sind, welche die Moral und die Ethik vertreten, und auf der anderen Seite Forschende, denen es nicht um Moral und Ethik, sondern um den wissenschaftlichen Fortschritt geht. Die Befürwortung des therapeutischen Klonens oder der Forschung an embryonalen Stammzellen aus Gründen der sich abzeichnenden therapeutischen Möglichkeiten ist eine moralische Position. Es dient der Verständigung in diesen und anderen wissenschaftsethischen Fragen, wenn dies zunächst einmal anerkannt wird. Es geht nicht um Konflikte zwischen Wissenschaft und Moral, sondern um innermoralische Meinungsverschiedenheiten, bei denen Forschende häufig zu einer anderen Sichtweise neigen als naturwissenschaftliche Laien.

Die Gründe dafür sind vielschichtig. Mit Vorsicht gesagt, tendieren Naturwissenschaftler dazu, die moralische Bewertung von Forschungen und ihren Anwendungen vor allem von den zu erwartenden Vorteilen und Risiken abhängig zu machen. So richtet sich bei der Xenotransplantation beim gegenwärtigen Stand der Forschung das moralische Bedenken auf das Risiko der Übertragung von Retroviren vom Tier auf den Menschen. Beim reproduktiven Klonen besteht beim gegenwärtigen Stand der Technik das Risiko in möglichen schwerwiegenden Be-

---

1   Erstveröffentlichung in der Beilage der Neuen Zürcher Zeitung (NZZ) anlässlich des «Festival Science et Cité» am 2. Mai 2001.

hinderungen. Zwar kann die Abschätzung und Bewertung von Risiken für sich genommen schwierig genug sein. Aber es handelt sich dabei um etwas, das wissenschaftlicher Abklärungen bedarf und insofern die wissenschaftliche Perspektive nicht grundsätzlich transzendiert. In der öffentlichen Debatte lässt sich beobachten, dass auch bei wissenschaftlichen Laien das Risikoargument ein starkes Gewicht hat. Hat es doch den Vorteil, von weltanschaulichen Voraussetzungen unabhängig zu sein. Das gibt ihm in einer weltanschaulich pluralen Gesellschaft, deren Grundüberzeugungen erheblich divergieren, eine besondere Überzeugungskraft.

Freilich, die moralische Beunruhigung, die der wissenschaftlich-technische Fortschritt besonders im Bereich der Biologie und Medizin aufwirft, bezieht sich nicht nur auf naturwissenschaftlich abzuklärende Risiken. Sie richtet sich auch auf moralische Risiken. Die Frage der Herstellung und Nutzung von embryonalen Stammzellen für die Forschung hat innerhalb der Ethik eine erneute Debatte über den moralischen Status des menschlichen Embryos ausgelöst. Handelt es sich im Stadium der ersten Zellteilungen um ein menschliches Wesen, dem Menschenwürde zukommt? Oder gar um eine menschliche Person? Oder handelt es sich zumindest um menschliches Leben mit einem anderen moralischen Status, als ihn das Leben von Hühnern oder von Schweinen hat?

Solche Fragen transzendieren die naturwissenschaftliche Perspektive. Sie führen in einen Bereich, in welchem überhaupt das Bemühen um wissenschaftliche Begründungen an Grenzen gelangt. Das hängt damit zusammen, dass hier Intuitionen berührt sind, die in unserer Kultur leitend sind für den Umgang mit menschlichem Leben. Neuere Erkenntnisse der Affektforschung, der Hirnforschung und auch der Ethik konvergieren in der Einsicht, dass Intuitionen eine fundamentale Bedeutung zukommt für unsere praktische Orientierung in der Welt. Vom Quälen eines Tieres oder der Demütigung eines Menschen werden wir intuitiv affiziert, noch bevor wir ein rationales Urteil treffen können darüber, dass und warum die betreffende Handlung schlecht ist. Und so löst auch die Vorstellung der Verwendung menschlicher Embryonen zu Forschungszwecken bei vielen Menschen intuitive Reaktionen aus, ohne dass schon klar ist, wie sie ihre Haltung rational begründen können.

Das Problem liegt darin, dass Intuitionen als solche nicht begründbar sind. Man kann zwar Gründe suchen für das, was man intuitiv für richtig hält. Aber damit begründet man nicht die Intuition, sondern das für richtig Gehaltene. Was man tun kann, ist dies, dass man den orientierenden Sinn einer Intuition zu verstehen sucht, indem man fragt, was wäre und welche Folgen es hätte, wenn wir die betreffende Intuition nicht hätten oder wenn sie geschwächt würde. Was könnte dies für den Umgang mit menschlichem Leben bedeuten? Genauso kann und muss andererseits auch nach der desorientierenden Wirkung von Intuitionen gefragt werden. Denn natürlich sind die Intuitionen, die wir haben, nicht sakrosankt. Sie haben biologische Wurzeln, die wir mit höher entwickelten Tieren teilen, aber sie sind bei uns Menschen zusätzlich kulturell und religiös geformt durch die symbolische Strukturierung der Welt, in der wir uns orientieren. Diese lässt uns in einem menschlichen Wesen mehr sehen als nur das, was es empirisch an Eigenschaften aufweist, nämlich etwas, das unser intuitives Bezogensein auf es betrifft, zum Beispiel den Fremden, den Gast, ein Wesen mit Menschenwürde, den Nächsten oder eben: menschliches Leben im Sinne von etwas Achtens- und Schützenswertem. Das ist ersichtlich eine andere Art von symbolischer Strukturierung, als es jene ist, welche die Naturwissenschaften mit ihren Begriffen und Modellen über die Welt legen. Die moralischen Risiken, von denen die Rede war, bestehen darin, dass wir diese für unsere praktische Orientierung leitende Zweitsymbolisierung der Welt gefährden können, indem wir Handlungen zulassen und uns an Handlungen gewöhnen, die ihr entgegengerichtet sind, mit der Folge moralischer Desensibilisierungen.

Hält man sich diese Zusammenhänge vor Augen, dann wird deutlich, warum die Verständigung in ethischen Fragen, wie sie durch die rapiden Fortschritte im Bereich der Biotechnologie aufgeworfen werden, sich in aller Regel äusserst schwierig gestaltet. Nicht nur gibt es den Unterschied zwischen einer eher durch die naturwissenschaftliche Sicht bestimmten moralischen Einstellung, die sich an den Chancen und Risiken neuer Entwicklungen orientiert, und einer eher kulturell oder religiös geprägten Einstellung. Hinzu kommt, dass in einer weltanschaulich pluralen Gesellschaft wie der Schweiz ganz unterschiedliche religiöse und soziokulturelle Milieus aufeinandertreffen. In dieser Situation ist es illusorisch, auf «Lösungen» in dem Sinne zu hoffen, dass man sich moralisch einigt. Der günstigste denkbare Fall ist ein einvernehmlicher Kompromiss bei rechtlichen Regelungen. Doch setzt das voraus, dass die beteiligten Auffassungen kompromissfähig sind. Das ist gerade da, wo es um den Schutz menschlichen Lebens geht, kaum je der Fall.

Gleichwohl sind die Verständigungsbemühungen in diesen Fragen nicht ohne Wert, weil sie das kritische Verständnis der unterschiedlichen Perspektiven füreinander fördern, neue Gesichtspunkte ins Spiel bringen können und damit zu neuen Einsichten führen. Pluralität ist nicht nur eine Bürde, sondern auch eine Chance zur Veränderung oder zur Vertiefung eigener Einsicht. Innerhalb der Ethik gibt es heute Tendenzen, die Ergebnisorientierung, die auf eine definitive Konflikt- und Problemlösung zielt, durch eine eher prozedurale Orientierung abzulösen. Aufgabe ethischer Reflexion ist es hiernach, einen unabschliessbaren Vergewisserungsprozess weiterzuführen, der die intuitiv-lebensweltliche, kulturell geprägte Orientierung nach Möglichkeit in kritischer Entsprechung hält zu den ständigen Veränderungen, denen die Lebenswelt durch den wissenschaftlichen Fortschritt und durch die globale ökonomische Dynamik ausgesetzt ist. Die Pluralität der Orientierungen lässt sich dabei nicht mehr zurücknehmen.

Bei der Institutionalisierung dieses Prozesses spielen Ethikkommissionen eine wichtige Rolle. Bei aller Unterschiedlichkeit der Aufgaben, welche heute durch Ethikkommissionen wahrgenommen werden, erfüllen sie vor allem eine zweifache Funktion. Sie sind Foren, welche in strittigen moralischen Fragen unterschiedliche Auffassungen in einen Dialog bringen bei der Suche nach Orientierung und nach verbindlichen rechtlichen Regelungen. Und sie tragen dazu bei, Entwicklungen in Verantwortung einzubinden, im Bereich der Forschung zum Beispiel durch die Praxis der Genehmigung von Forschungsvorhaben. Verantwortung ist in der modernen Industriegesellschaft eine knappe Ressource, die nicht einfach als vorhanden vorausgesetzt werden kann, sondern erzeugt werden muss über die Schaffung von Strukturen, vor denen Handlungen verantwortet werden müssen. Es ist nicht nur, wie oft zu hören ist, der Orientierungsbedarf, sondern auch dieser Verantwortungsbedarf, der sich in der zunehmenden Zahl von Ethikkommissionen widerspiegelt. Sie erfüllen nach dem Gesagten eine unverzichtbare Funktion. Und es ist bei der Dynamik des wissenschaftlichen

Fortschritts insbesondere im biomedizinischen Bereich abzusehen, dass sie dies noch vermehrt auch in Zukunft tun werden.

Zum Schluss sei noch ein Punkt angesprochen, der sich auf gesetzliche Regelungen im Bereich wissenschaftlicher Forschung bezieht. Er betrifft den wichtigen Unterschied zwischen dem moralisch Richtigen und dem politisch Richtigen. Wir leben in der Schweiz in einer liberalen Gesellschaft, deren Vorzüge niemand missen möchte. In dieser Gesellschaft ist es jedem freigestellt, seine Vorstellung von einem guten Leben zu verwirklichen. Dazu ist es nicht notwendig, dass wir uns auf ein gemeinsames Konzept von einem guten Leben verständigen. Anders verhält es sich mit dem, was man eine gute Gesellschaft nennen kann, d. h. mit eben der Gesellschaft, in der wir gemeinsam leben wollen. Über diese müssen wir uns öffentlich verständigen. So, wie wir nicht in einer Gesellschaft leben wollen, in der Grausamkeit gegenüber Tieren dem individuellen Belieben des einzelnen überlassen ist, so geht uns gemeinsam die Frage an, wie in der Gesellschaft, in der wir leben, mit menschlichem Leben in seinem frühesten Stadium umgegangen werden soll und was mit ihm gemacht werden darf.

Bei der gesetzlichen Regelung dieser und ähnlicher Fragen geht es nicht nur um das moralisch Richtige und Falsche, sondern auch darum, was die Bürgerinnen und Bürger dieses Landes aus eigener Überzeugung mitzutragen in der Lage sind. Denn andernfalls könnte die Situation entstehen, dass die Gesellschaft, in der sie leben, eben nicht *die* Gesellschaft ist, in der sie leben *wollen*, also eine in ihren Augen *gute* Gesellschaft, weil in ihr Dinge geschehen, die sie aus tiefster Überzeugung ablehnen. Insofern hat es seinen guten Sinn, dass das, was am Ende verbindliches Gesetz wird, nicht durch die Ethik, sondern in einem politischen Prozess entschieden wird, bei dem am Ende allemal ein Kompromiss steht, der auf eine möglichst breite Abstützung in der Bevölkerung zielt. So wichtig es ist, in der Auseinandersetzung um das moralisch Richtige kompromisslos auf das bessere Argument zu setzen, so wichtig ist es doch andererseits, dabei das politische Ziel einer für die Gesellschaft im Ganzen akzeptablen gesetzlichen Regelung im Auge zu behalten. Das bedeutet, dass wir uns auch in unseren moralischen Kontroversen als Bürgerinnen und Bürger verstehen sollten, die das gemeinsame Interesse an einem Gemeinwesen verbindet, mit dem sich nach Möglichkeit auch der Andere soll identifizieren können. Das sollte die moralischen Kontroversen, die wir führen, vor unversöhnlicher Schärfe bewahren. Und es sollte davor zurückhalten, in der öffentlichen Auseinandersetzung über die zu treffende gesetzliche Regelung nur auf die Durchsetzung der eigenen moralischen Position aus zu sein. In diesem Sinne bedarf es nicht nur einer ethischen, sondern auch einer politischen Kultur im Umgang mit bioethischen Fragen.

Forschung mit embryonalen Stammzellen: Was ist konsensfähig, wo bleibt Dissens?[1]

Vorbemerkung: Der folgende Text ist ursprünglich als internes Arbeitspapier für eine Ethikkommission verfasst worden, die sich mit der Frage der Forschung mit embryonalen Stammzellen zu befassen hatte. Es handelt sich um den Versuch, diejenigen Punkte zu markieren, über die Verständigung nötig ist, um entweder zu einem Konsens in dieser Frage zu gelangen oder aber zu einer transparenten Darstellung des Dissenses.

(1) Können wir uns darauf verständigen, dass menschliches Leben *schutzwürdig* ist allein deshalb, weil und sofern es das Leben eines *Menschen* ist?

a) Wenn, wie es häufig geschieht, die Schutzwürdigkeit menschlichen Lebens aus der Menschenwürde und dem darin enthaltenen Anspruch auf leibliche Integrität abgeleitet wird, dann kann die Antwort auf diese Frage nur ein Ja sein. Denn Menschenwürde kommt allein dem Menschen zu. Das jedenfalls gilt für jenes Verständnis von Menschenwürde, für das man sich auf Kant beruft. Menschliches Leben ist dementsprechend zu schützen um des Menschen willen, dessen Leben es ist.

b) Zum selben Ergebnis gelangt man auf dem Hintergrund der christlichen Tradition. Die Auszeichnung des Menschlichen – Gottebenbildlichkeit, Erwählung, Rechtfertigung, das Gebot: «Du sollst nicht töten» – bezieht sich auf den Menschen. Der Gedanke einer spezifischen «Heiligkeit» menschlichen Lebens als solchen, unabhängig davon, ob es das Leben eines Menschen ist, ist der biblischen und christlichen Tradition völlig fremd. Insofern ist die im angelsächsischen Raum verbreitete Rede von der «Sanctity of Life» aus christlicher Sicht zumindest missverständlich.

---

[1] Internes Arbeitspapier für die Nationale Ethikkommission der Schweiz für den Bereich der Humanmedizin.

c) In dieselbe Richtung weisen die gängigen Argumente, mit denen man eine Schutzwürdigkeit des menschlichen Embryos zu begründen sucht. Sie alle versuchen diese Schutzwürdigkeit von dem Menschen abzuleiten, zu dem – oder als der – der Embryo sich entwickelt. Das *Identitätsargument* macht geltend, dass der Embryo identisch ist mit diesem Menschen. Das *Potentialitätsargument* macht geltend, dass im Embryo bereits dieser Mensch angelegt ist. Das *Kontinuitätsargument* macht geltend, dass zwischen Embryo und diesem Menschen ein Kontinuum ohne erkennbare Einschnitte besteht. Alle drei Argumente zielen darauf ab, das, was den Menschen auszeichnet, auf den Embryo zu übertragen.

d) Schliesslich: Beziehen sich nicht auch die Intuitionen, die wir hinsichtlich der Schutzwürdigkeit menschlichen Lebens schon in seinem frühen Stadium haben, darauf, dass es sich dabei in irgendeiner Weise um das Leben eines Menschen handelt oder handeln könnte? Und gilt uns nicht eben deshalb das menschliche Leben als schutzwürdig?

(2) Können wir uns darauf verständigen, dass – unter gewissen, noch zu erläuternden Bedingungen – im Blick auf den menschlichen Embryo vom *Leben eines werdenden, sich entwickelnden Menschen* zu sprechen ist?

a) Wird die Frage (1) mit Ja beantwortet, dann ist die Frage der Schutzwürdigkeit des Embryos gleichbedeutend mit der Frage, ob der Embryo mit dem Begriff des *Menschen* – und nicht bloss mit Begriffen wie «menschliches Leben», «werdendes Leben» etc. – in Verbindung gebracht werden kann. Denn nur dann überträgt sich die Schutzwürdigkeit, die dem Menschen zukommt, auf den menschlichen Embryo.

b) Es gibt diesbezüglich eine kategoriale Schwierigkeit: Der Begriff ‹Mensch› lässt sich nicht direkt auf den Embryo anwenden im Sinne etwa der Aussage: Ein Embryo ist ein Mensch. So, wie wir unterscheiden zwischen einem *Menschen* und dem in die Perspektive der Biologie (Medizin) fallenden *Körper* (Organismus), den er hat, so ist zu unterscheiden zwischen einem Embryo als dem Anfangsstadium eines *Organismus* und dem *Menschen*, den dieser Embryo – möglicherweise –

verkörpert. Im Deutschen ist dies die Unterscheidung zwischen «etwas» und «jemand».[2] Ein Organismus bzw. Embryo ist «etwas», das in die Perspektive der Biologie fällt, ein Mensch ist «jemand». So sprechen wir denn auch nicht von der Menschenwürde des menschlichen Organismus, sondern von der Menschenwürde des Menschen. Daher der Vorschlag, in der Weise zu formulieren, dass es sich beim Embryo – statt um einen werdenden Menschen – um *Leben eines werdenden Menschen handelt.*

c) Der unter b) konstatierte Sachverhalt impliziert noch sehr viel mehr: Am Embryo selbst kann gar nicht aufgewiesen werden, dass er einen Menschen im Sinne von «jemand» verkörpert, so wenig wie die rein biologische Erforschung des Organismus eines geborenen Menschen den «jemand» zeigen kann, dessen Organismus es ist. Die Erforschung von «etwas» führt nicht zu «jemand». Insofern hilft die embryologische Forschung an diesem Punkt nicht weiter. Als «jemand» tritt ein Mensch in einer anderen Perspektive in Erscheinung als jener der Biologie, nämlich in der Perspektive zwischenmenschlicher Kommunikation mit ihm, in der er als ein «Du» begegnet.[3] In solcher Kommunikation aber können sich uns zweifelsfrei nur geborene Menschen präsentieren und auf uns reagieren über Blickkontakt, Sprache usw.

d) Das bedeutet freilich nicht, dass für das vorgeburtliche Leben die Perspektive auf einen Menschen, also auf «jemand», von vorneherein unangemessen ist. Das Argument, dass der Embryo doch ersichtlich bloss ein Zellkonglomerat ist und dass daher von einem Menschen – von «jemand» – nicht die Rede sein könne, ist nichts anderes als die Verabsolutierung der Perspektive der Biologie. Es ist von exakt derselben Art, wie wenn jemand im Blick auf den Organismus eines geborenen Menschen sagen würde, dass das doch ersichtlich nur ein Organismus – «etwas» – ist und dass daher nicht von einem «jemand» die Rede sein könne, den dieser Körper verkörpert.

---

[2] Vgl. zu dieser Unterscheidung R. Spaemann: Personen. Versuche über den Unterschied zwischen ‹etwas› und ‚jemand›, 1996.

[3] Vgl. J. Habermas: Die Zukunft der menschlichen Natur. Auf dem Weg zu einer liberalen Eugenik?, 2001.

e) Wie lässt sich der Begriff des Menschen mit dem Embryo im frühen Stadium in Verbindung bringen? Es lassen sich verschiedene Möglichkeiten erwägen (die Unterscheidung «eines/ mehrerer» trägt der Möglichkeit von Mehrlingsbildung Rechnung):

i)   Leben eines/ mehrerer existierenden(r) Menschen
ii) Leben eines/ mehrerer zukünftigen(r) Menschen
iii) Leben eines/mehrerer potentiellen(r) Menschen
iv) Leben eines/mehrerer werdenden(r), sich entwickelnden(r) Menschen

Ad i) Gegen i) spricht, dass von einem existierenden Menschen nur bei gegebener numerischer Identität gesprochen werden kann. Diese ist beim frühen Embryo nicht gegeben, insofern hier die numerische Identität noch nicht feststeht. Überdies steht i) in deutlichem Gegensatz zu unseren Intuitionen. Wenn es sich beim Embryo im frühen Stadium um das Leben eines existierenden Menschen handeln würde, dann müsste die Beendigung des Lebens eines Embryos, wie sie in der Schweiz für überzählige Embryonen gesetzlich vorgeschrieben ist, moralisch und strafrechtlich als Tötung eines Menschen eingestuft und entsprechend geahndet werden. Auch die Schwangerschaftsverhütung mittels der Spirale wäre dann gegen existierende Menschen gerichtet. Offensichtlich sind unsere diesbezüglichen Intuitionen andere.

Ad ii) Bei der Formulierung ii) wird der Begriff ‹Mensch› nicht auf das Stadium des Embryos bezogen. Vielmehr ist erst in der Zukunft ein Mensch da. Hier lässt sich nun argumentieren,[4] dass nur existierende Menschen Rechte haben können, die uns Pflichten auferlegen. Zukünftige Menschen verpflichten uns also nur *für den Fall ihrer Existenz* (z. B. im Hinblick darauf, dass wir jetzt nichts tun, durch das sie, *wenn* sie existieren, geschädigt sind). Sie haben aber kein Recht auf Existenz, das uns in der Gegenwart verpflichten könnte. Tun wir etwas, das ihre zukünftige Existenz verhindert, werden sie niemals existieren und können uns also auch nicht verpflichten. Folgt man dieser Argumentation, dann lässt sich aus ii) keine Schutzwürdigkeit

---

4 «Das Nichtexistierende stellt keine Ansprüche, kann daher auch nicht in seinen Rechten verletzt werden. Es mag sie haben, wenn es ist, aber hat sie nicht schon auf die Möglichkeit hin, dass es einmal sein werde». H. Jonas, Das Prinzip Verantwortung. Versuch einer Ethik für die technologische Zivilisation, [7]1987, 84.

des Embryos im Sinne der Erhaltung seines Lebens ableiten. Denn er ist noch kein Mensch, und der zukünftige Mensch, zu dem er werden kann, verpflichtet uns nicht, für seine Existenz zu sorgen.

Ad iii) Die Debatte über die Potentialität ist ziemlich komplex und kann hier nicht annähernd wiedergegeben werden. Nur so viel sei dazu angemerkt. Es lassen sich mehrere Begriffe von Potentialität unterscheiden, schwache und starke. Ein schwacher Begriff liegt z. B. vor, wenn man ‹Potentialität› in dem Sinne versteht, dass sich aus dem Embryo ein Mensch *entwickeln kann*. Bei dieser Formulierung, die zwischen Embryo und Mensch unterscheidet, hat man dasselbe Problem wie bei ii): Jetzt, im Blick auf den Embryo, kann noch nicht von einem Menschen geredet werden, erst in der Zukunft ist ein Mensch da. Inwiefern aber kann uns ein noch nicht existierender Mensch in die Pflicht nehmen? Eine stärkere Version von Potentialität geht dahin, dass der Embryo nicht nur die genetischen Voraussetzungen für die Entstehung eines Menschen, sondern auch die *Bestimmung* in sich trägt, sich zu einem Menschen zu entwickeln. Abgesehen von den Schwierigkeiten der Begründung dieser Sichtweise ist auch hier der Mensch erst ein zukünftiger und insofern ergeben sich ähnliche Probleme wie zuvor. Darüber hinaus ist zu fragen, inwiefern uns eine solche Bestimmung, wenn es sie gibt, zu irgendetwas verpflichtet. Sie tut es jedenfalls nicht in dem Sinne, dass wir uns verpflichtet fühlen, alle menschlichen Embryonen, die die Natur verschwenderisch entstehen lässt, zur Existenz von Menschen zu bringen.

Ad iv): Die Formulierung iv) spricht bereits im Blick auf das Stadium des Embryos von einem Menschen, zwar nicht von einem existierenden, aber von einem sich entwickelnden, im Werden begriffenen. «Werden» liegt zwischen *Nichtexistenz* und *Existenz*. Der «werdende Mensch» ist als Mensch *schon da* und gleichzeitig *noch nicht da*, insofern ihm vom vollen Menschsein etwas abgeht. Insoweit er schon da ist, kommt ihm Schutzwürdigkeit zu. Insoweit er noch nicht da ist, unterscheidet sich diese Schutzwürdigkeit von jener, die ein existierender, geborener Mensch besitzt. Offenbar entspricht diese graduell abstufende Sicht in hohem Masse unseren Intuitionen. Wir machen intuitiv einen Unterschied zwischen der Tötung eines geborenen Menschen und der Beendigung des Lebens eines Embryos im Frühstadium (etwa durch die Spirale).

f) Das führt zu der Frage, welche Bedeutung Intuitionen beizumessen ist. Ein rationalistischer Standpunkt könnte geltend machen, dass wir uns von Intuitionen nur insoweit leiten lassen dürfen, wie diese auch rational begründet werden können. Darauf lässt sich – auch unter Hinweis auf Ergebnisse der Affektforschung – erwidern, dass nicht nur unser Alltagsverhalten, sondern auch das rationale Denken in hohem Masse intuitiv und vorreflexiv gesteuert ist und dass es eine Illusion ist zu meinen, wir könnten die dabei leitenden intuitiven Orientierungen, in denen sich die Erfahrungen einer langen kulturellen Entwicklung verdichten, allesamt rational rekonstruieren und begründen. Es spricht daher viel für die Auffassung, Intuitionen eine *prima-facie*-Plausibilität zuzuerkennen. Das heisst, dass sie sich solange als Kompass eignen, wie nicht triftige rationale Gründe *gegen sie* sprechen, seien diese faktisch-empirischer oder moralischer Natur. Das wiederum bedeutet: Begründungsbedürftig sind Intuitionen erst dann, wenn es begründete *Kritik* an ihnen gibt. Zuerst ist also der Kritiker in der Begründungspflicht. Auf unser Problem bezogen heisst dies: Was spricht faktisch-empirisch oder moralisch dagegen, einen Embryo oder einen Fötus im Mutterleib als Leben eines werdenden, sich entwickelnden Menschen zu betrachten? Dass die Biologie in ihrer spezifischen Perspektive etwas anderes vor Augen hat, ist, wie gesagt, kein Argument in dieser Sache.

Zugunsten dieser Intuition lässt sich folgender Gesichtspunkt geltend machen. Ein Mensch kann sich nur als «jemand», d. h. als *Person* entwickeln, wenn die Gemeinschaft existierender Personen sich auf ihn als «jemand» bezieht und ihn dadurch in ihre Gemeinschaft integriert – und nicht etwa in einer reinen Beobachterperspektive auf seinen Organismus verharrend abwartet, ob «etwas» von selbst zu «jemand» mutiert. Die Personwerdung eines Menschen ist m. a. W. auf einen Vorschuss seitens der Gemeinschaft existierender Personen angewiesen in dem Sinne, dass er als Person betrachtet wird, bereits bevor er sich selbst als diese erweisen kann. Hier liegt die eigentliche Bedeutung der Betrachtung schon des vorgeburtlichen Lebens als Leben eines *Menschen* und nicht bloss eines Organismus. Die Integration in die Gemeinschaft existierender Menschen beginnt bereits in dieser Phase, und zwar eben dadurch, dass das vorgeburtliche Leben als Leben eines *werdenden* Menschen betrachtet wird.

g) *Fazit*: Die Schutzwürdigkeit menschlichen Lebens leitet sich insgesamt daraus ab, dass es sich um Leben entweder *existierender* im Sinne vollumfänglich entwickelter oder *werdender* Menschen handelt.

(3) Können wir uns darüber verständigen, dass *nicht alle* Embryonen den Status des Lebens werdender Menschen haben, sondern dass dies von den Umständen und Entwicklungsmöglichkeiten abhängt? Können wir uns m. a. W. darüber verständigen, dass unterschieden werden muss zwischen dem Leben existierender oder werdender Menschen und menschlichem Leben, das nicht einem Menschen zugeordnet werden kann?

a) In Frage (2) war von «gewissen, noch zu erläuternden Bedingungen» die Rede. Der Begriff des werdenden Menschen enthält den Gedanken einer sich vollziehenden Entwicklung hin zum vollentwickelten Menschen. Wir verbinden gleichsam vom vorweggenommenen Ende dieser Entwicklung her mit dem «etwas» des Embryos den an diesem selbst nicht aufweisbaren «jemand» (vgl. (2) b) und c)), der mit der Geburt als Person innerhalb der Gemeinschaft existierender Personen in Erscheinung treten wird. Kann es ernstlich strittig sein, dass nur so, vom Ende her, im Blick auf den Anfang menschlichen Lebens von einem Menschen gesprochen werden kann? Das hat dann freilich die Konsequenz, dass mit dem «etwas» des Embryos nur dann ein «jemand» verbunden werden kann, wenn entsprechende Entwicklungsmöglichkeiten auf dieses Ende zu gegeben sind. Bei der Mehrzahl der Embryonen, die verschwenderisch auf natürlichem Wege entstehen, kann davon nicht die Rede sein, weil die äusseren Bedingungen für eine Entwicklung, nämlich die Einnistung in die Gebärmutter einer Frau, nicht gegeben sind. Von Natur aus gibt es demnach einen zweifachen Status menschlichen Lebens: Es gibt Leben, in dem sich das Werden eines Menschen vollzieht; und es gibt Leben in Gestalt nicht eingenisteter und zum Absterben verurteilter Embryonen, das im biologischen Sinne menschliches Leben ist, ohne dass vom Werden eines Menschen gesprochen werden kann. Faktisch wird diese Unterscheidung allgemein anerkannt, was sich daran zeigt, dass wir uns zwar gegenüber Leben im ersten Sinne, nicht aber gegenüber Leben im zweiten Sinne in Pflichten der Lebenserhaltung sehen. Nur so ist die breite gesellschaftliche Akzeptanz nidationshemmender Verhütungsmethoden zu erklären. Diese helfen dem, was auch von Natur aus geschieht – der Nichteinnistung eines Embryos – mit künstlichen Mitteln nach.

b) Tatsächlich wird bis in Rechtsbestimmungen hinein ein Unterschied gemacht zwischen Embryonen, für die keine Entwicklungsmöglichkeiten bestehen, und werdenden Menschen. In der Schweiz ist es, wie gesagt, gesetzlich vorgeschrieben, überzählige Embryonen ihrem Schicksal zu überlassen. Müsste davon ausgegangen werden, dass es sich bei ihnen um werdende, sich entwickelnde Menschen handelt, dann wäre dies einem gesetzlich verordneten Schwangerschaftsabbruch gleichzusetzen, und das Gesetz wäre ein Skandal. Akzeptabel ist es nur deshalb, weil hier offensichtlich *kein Mensch wird*, da die äusseren Bedingungen dafür fehlen.

c) Die Tatsache, dass an dieser Stelle dennoch die Auffassungen diametral auseinandergehen, lässt sich bis zu einem gewissen Grad aus der veränderten Situation verständlich machen, die mit der Einführung der Reproduktionstechniken entstanden ist. Bevor es diese Techniken gab, trat die Existenz eines neuen Menschen mit der Schwangerschaft ins Blickfeld, d. h. in einer Phase, in der die Voraussetzungen für eine Entwicklung bis zur Geburt im Normalfall gegeben waren. Mit der Einführung der Reproduktionstechniken rücken die Bedingungen dafür, ob ein Embryo den Status eines werdenden Menschen erlangt, in den Bereich menschlicher Verfügung. Das aber rührt an eine im kulturellen Bewusstsein tiefsitzende und letztlich auf religiöse Wurzeln zurückgehende Überzeugung, nämlich die Überzeugung von der Unverfügbarkeit des Status menschlichen Lebens, der all unserem Entscheiden und Handeln verbindlich vorgegeben ist. Unter den neuen, veränderten Bedingungen lässt sich diese Überzeugung nur aufrecht erhalten, wenn der Status menschlichen Lebens von den äusseren Entwicklungsbedingungen unabhängig gemacht wird, da diese durch die reproduktionsmedizinischen Zugriffsmöglichkeiten manipuliert werden können. Das ist mit der Konsequenz erkauft, dass es nun keinen zweifachen Status menschlichen Lebens mehr gibt, sondern nur noch einen Status, den alle Embryonen unabhängig von ihren Entwicklungsmöglichkeiten haben. Damit gerät man freilich in die Aporie, dass der moralische Status des Embryos nun allein aus seinen biologischen Eigenschaften abgeleitet werden muss, da der Gesichtspunkt der Entwicklung hin zu einem «jemand» entfällt. «Etwas» aber kann nicht den Status von «jemand» haben. Genetische Potenzialität ist, wie gesagt, keine hinreichende Begründung für die Zuerkennung dessen, was einem Menschen zuzuerkennen ist. Dass alle Embryonen unabhängig von ihren Entwicklungsmöglichkeiten an der Menschenwürde partizipieren, ist daher nicht mehr als eine blosse Behauptung.

d) Es wäre ein Fortschritt in der Diskussion, wenn anerkannt würde, dass das eigentliche Motiv für die Behauptung, dass alle Embryonen unabhängig von ihren Entwicklungsmöglichkeiten den gleichen Status haben und an der Menschenwürde partizipieren, eben diese Überzeugung ist, dass der moralische Status menschlichen Lebens all unserem Entscheiden und Handeln unverfügbar vorgegeben bleiben muss. Eben deshalb wird der Versuch gemacht, diesen Status aus der biologischen Verfasstheit des Embryos abzuleiten, mit all den Problemen und Fragwürdigkeiten, die man sich damit auflädt. Demgegenüber ist zu fragen, ob es nicht der Klärung dient, wenn die Tatsache akzeptiert wird, dass mit den heutigen technischen Zugriffsmöglichkeiten eine neue Situation eingetreten ist. Bestimmte zuvor die Natur, ob ein Embryo den Status eines werdenden Menschen erlangt oder nicht, so liegt dies heute tatsächlich im Bereich menschlicher Verfügung. Erst mit der Anerkennung dieser Tatsache kann die Frage nach den Grenzen solcher Verfügung angemessen gestellt und erörtert werden.

e) Wo immer die äusseren Bedingungen für eine Entwicklung gegeben sind, insbesondere mit Beginn der Schwangerschaft, da hat das vorgeburtliche Leben vom Zielpunkt dieser Entwicklung her den Status des Lebens eines werdenden Menschen, und es verdient entsprechenden Schutz und entsprechende Achtung. Andererseits kann dort, wo die äusseren Bedingungen für eine Entwicklung nicht gegeben sind wie bei den überzähligen Embryonen aus der In-vitro-Fertilisation, auch nicht vom Werden oder von der Existenz eines Menschen ausgegangen werden. Dementsprechend bestehen hier auch keine Pflichten von derselben Art, wie sie gegenüber Menschen bestehen. Das betrifft insbesondere das Instrumentalisierungsverbot. Mit ihm entfällt der entscheidende Grund, der der Verwendung von überzähligen Embryonen für die Forschung und für die Therapierung von Krankheiten entgegenstehen könnte.

f) Das bedeutet freilich keinen Freibrief in dem Sinne, dass mit menschlichen Embryonen beliebig verfahren und alles gemacht werden darf. Jedenfalls lässt sich der Standpunkt vertreten, dass es eine eigene Würde menschlichen Lebens gibt, die es aus allem anderen Leben heraushebt. Sie begründet ein niedrigeres Schutzniveau als die Menschenwürde, aus der sich das Instrumentalisierungsverbot ableitet. Der Respekt vor dieser Würde könnte sich z. B. darin manifestieren, dass wir das, was wir an nichtmenschlichen Embryonen erforschen können, nicht an menschlichen Embryonen erforschen. Oder er sollte einschliessen, dass Embryonen nicht in vitro für Zwecke der Forschung erzeugt werden.

(4) Können wir uns darauf verständigen, dass auch das *therapeutische Klonen* eine moralisch vertretbare Option ist?

a) Die entscheidende Frage ist hier: Handelt es sich bei der totipotenten Zelle, die aus der Verpflanzung des Kerns einer Hautzelle in eine entkernte Eizelle entsteht und die bis zur Gewinnung von Stammzellen einige Teilungen durchläuft, um das Leben eines werdenden Menschen? Vom Ergebnis her drängt es sich auf zu sagen, dass es sich eindeutig nicht darum handelt. Es wird kein Mensch daraus. Aber vielleicht *war* es im Stadium der ersten Teilungen Leben eines werdenden Menschen, dessen Entwicklung dann abgebrochen wurde? Will man präzise sein, dann muss man sagen, dass es Leben war, aus dem – bei entsprechenden äusseren Bedingungen, die beim *therapeutischen Klonen* nicht gegeben sind – ein Mensch *hätte werden können*. Leben, woraus ein Mensch werden könnte, ist aber etwas anderes als Leben eines werdenden Menschen. Genetische Potenzialität ist nicht gleichbedeutend mit dem Werden eines Menschen, wie das Beispiel der überzähligen Embryonen aus der In-vitro-Fertilisation zeigt. Wie bei diesen fehlen auch beim therapeutischen Klonen die äusseren Voraussetzungen dafür, dass ein Mensch entstehen kann. Es handelt sich also bei jenen totipotenten Zellen um menschliches Leben, das nicht einem existierenden oder werdenden Menschen zugeordnet werden kann.

b) Die medizinischen Perspektiven, die sich mit dem therapeutischen Klonen verbinden, gemahnen zur Vorsicht, diese Option zum gegenwärtigen Zeitpunkt kategorisch auszuschliessen. Sollte diese

Technik bis zur medizinischen Anwendung entwickelt werden, dann ermöglicht sie die Erzeugung von organischem Material, das im Unterschied zur Transplantation von Fremdgewebe keine Abstossungsreaktionen auslöst.

c) Gegen die Verwendung von Embryonen für die Forschung und Therapierung von Krankheiten wird verschiedentlich ein Dammbruch-Argument ins Feld geführt, wonach hierdurch der Weg zu einer liberalen Eugenik geebnet werden könnte.[5] Dieser Befürchtung lässt sich begegnen mit der eingeführten Unterscheidung zwischen dem Leben eines Menschen und menschlichem Leben, das keinem Menschen zugeordnet werden kann. Die Eugenik hat es mit Leben im ersten Sinne zu tun, die Embryonenforschung mit Leben im zweiten Sinne. Wird diese Unterscheidung bei den gesetzlichen Regelungen, denen die Forschung unterworfen wird, konsequent beachtet, dann gibt es keinen Grund zu der Annahme, dass die Zulassung der Embryonenforschung zu einem Dammbruch in Richtung Eugenik führt.

(5) Können wir uns darüber verständigen, dass es bei der ethischen Problematik der Forschung an Embryonen nicht nur um die Frage des moralischen Status des Embryos geht, sondern auch um die *tugendethische* Frage nach der *Haltung*, die wir dem menschlichen Leben entgegenbringen?

a) Das Ethos der Medizin ist seit jeher wesentlich ein Tugendethos. Im Zentrum steht die *Fürsorge*, und zwar die Fürsorge wiederum nicht für das menschliche Leben als solches, sondern für den kranken *Menschen*. Insofern ist die Differenzierung zwischen «Mensch» und «menschlichem Leben» mitsamt den daraus abgeleiteten Konsequenzen auch in tugendethischer Perspektive grundlegend.

---

5 «Nehmen wir an, dass sich mit der verbrauchenden Embryonenforschung eine Praxis durchsetzt, die den Schutz vorpersonalen menschlichen Lebens gegenüber ‹anderen Zwecken›, und sei es auch gegenüber der Aussicht auf die Entwicklung von hochrangigen kollektiven Gütern (z. B. neuer Heilverfahren), als nachrangig behandelt. Die Desensibilisierung unseres Blickes auf die menschliche Natur, die mit der *Eingewöhnung* einer solchen Praxis Hand in Hand ginge, würde den Weg zu einer liberalen Eugenik ebnen». J. Habermas, aaO. 122.

b) Eine der tugendethischen Tradition der Medizin entsprechende Haltung im Umgang mit menschlichem Leben muss sich daran erweisen, dass im Zentrum medizinischer Fürsorge *Menschen* stehen und nicht totipotente Zellen, bei denen keinerlei Chance besteht, dass sie sich je zu Menschen entwickeln.

(6) Können wir uns darüber verständigen, dass in der Frage der ethischen Beurteilung der Gewinnung und Nutzung embryonaler Stammzellen für Zwecke der Forschung und Therapierung von Krankheiten nicht *Motive* zu beurteilen sind, sondern die moralische Zulässigkeit von *Handlungen*?

a) Zur Kritik der Gewinnung embryonaler Stammzellen für Zwecke der Forschung und Therapierung von Krankheiten wird häufig auf die damit verbundenen kommerziellen Interessen und den Ehrgeiz der Forschenden verwiesen. Doch macht dies, für sich genommen, die Sache schon moralisch verwerflich? Entwicklungen in vielen Bereichen, auch solche, die unter ethischen Gesichtspunkten wünschenswert und zu begrüssen sind, sind durch nicht-moralische, kommerzielle oder prestigebezogene Motive gesteuert. Auch in der Vergangenheit hatte der medizinische Fortschritt diesen Charakter, und er hat gleichwohl zu Resultaten geführt – Ausrottung von Seuchen, Verminderung der Kindersterblichkeit –, die in ethischer Hinsicht positiv zu bewerten sind.

b) Die entscheidende Frage ist, wie die Gewinnung und Nutzung embryonaler Stammzellen für die Therapierung von Krankheiten selbst zu beurteilen ist.

c) Moralisch fragwürdig ist das Verhalten von Forschenden, Forschungsinstitutionen und Unternehmen nur dann, wenn sie vor Klärung der ethischen Frage aus prestigebezogenen, kommerziellen und ähnlichen Interessen entsprechende Entwicklungen vorantreiben und vollendete Tatsachen schaffen.

d) Auch das Streben nach Erweiterung menschlicher Handlungsmacht ist nicht als solches moralisch verwerflich, sondern es kann geradezu moralisch geboten sein. Es kommt darauf an, wozu diese Erweiterung dient.

122

Aktive und passive Sterbehilfe[1]

I. Einleitung

Die aktive Sterbehilfe findet neuerdings auch in Deutschland prominente theologische Fürsprecher. Kein Geringerer als Hans Küng hat kürzlich zusammen mit Walter Jens ein «Plädoyer für Selbstverantwortung»[2] vorgelegt, das für die Zulassung der Tötung auf Verlangen votiert. Das Buch liegt zweifellos im Trend. Die aktive Sterbehilfe kann auf zunehmende Akzeptanz rechnen. Kirche und Theologie sind dadurch zu einer differenzierteren Einschätzung als bislang herausgefordert. Hierzu sollen die folgenden Überlegungen ein Beitrag sein.[3]

Zunächst ist eine Klärung nötig. Denn die Unterscheidung zwischen aktiver und passiver Sterbehilfe stösst bei nicht wenigen Autoren auf Kritik. Andere gebrauchen sie, ohne zu erklären, wie sie sie angesichts dieser Kritik aufrecht erhalten wollen. Für die Kritiker sei stellvertretend Harry M. Kuitert genannt.[4] Er versteht die Unterscheidung von aktiver und passiver Sterbehilfe im Sinne der Unterscheidung von Handeln und Unterlassen und ist der Meinung, dass sie auf einem Irrtum beruht. Denn ob die Lebensverkürzung durch gezieltes Handeln (zum Beispiel durch die Injektion einer Überdosis Morphium) oder durch Unterlassen (zum Beispiel durch Dehydration) herbeigeführt wird, macht in moralischer Hinsicht keinen Unterschied. In beiden Fällen sind sowohl die Intention als auch die kausale Wirkung dieselbe: Beide Mal geht es um die Herbeiführung des Todes.[5] Wählt

---

[1] Erstveröffentlichung in: Zeitschrift für evangelische Ethik (ZEE), 1996, 110-127.
[2] W. Jens/H. Küng: Menschenwürdig sterben. Ein Plädoyer für Selbstverantwortung, 1995.
[3] Zu danken habe ich Walter Neidhart (1917-2001), dessen Kritik an einer ersten Fassung dieses Aufsatzes mich zu wesentlichen Verbesserungen veranlasste.
[4] H. M. Kuitert: Der gewünschte Tod. Euthanasie und humanes Sterben, 1991.
[5] A.a.O. 44. Vgl. dazu U. Eibach: Sterbehilfe. Tötung auf Verlangen? 1988, 83ff. Auch Eibach assoziiert die Unterscheidung von aktiver und passiver

der Arzt den Weg des Unterlassens, dann kann dies zur Folge haben, dass er damit den Leidensweg des Patienten unnötigerweise verlängert. Unnötigerweise deshalb, weil es, wie gesagt, in moralischer Hinsicht keinen Unterschied macht, ob er den Tod durch Handeln oder durch Unterlassen herbeiführt. Deshalb hat hier der Arzt die Verantwortung für das zusätzliche Leiden des Patienten zu tragen. Kuitert fasst seine Bedenken gegen die Unterscheidung von aktiver und passiver Sterbehilfe in zwei Punkten zusammen: Sie kann dazu führen, dass die handelnde Person (der Arzt) sich aus ihrer moralischen Verantwortung davonstiehlt, indem sie suggeriert, die Lebensverkürzung durch Unterlassen sei mit einem geringeren Mass an moralischer Verantwortung verbunden als die Lebensverkürzung durch Handeln. Und sie lässt ein moralisch fragwürdiges Verhalten, nämlich die Verlängerung unerwünschten Leidens durch passive Massnahmen, als moralisch höherstehend erscheinen als ein Verhalten, das dem Wunsch des Patienten nach Beendigung seines Leidenszustands auf bestmögliche, nämlich effektive Weise entspricht.

Die Handeln-Unterlassen-Problematik spielt in der bioethischen (und der entsprechenden juristischen) Diskussion eine zentrale Rolle. Kuitert steht dabei mit seiner Kritik nicht allein. Ähnlich argumentieren zum Beispiel H. Kuhse und P. Singer.[6] Die Vorstellung, dass im Falle der Unterlassung einer lebensrettenden medizinischen Massnahme nicht der Arzt, sondern «die Natur» für den Tod des Patienten ursächlich verantwortlich sei, beruht ihnen zufolge auf einem fragwürdigen Verständnis von «Ursache». Die Ursache für ein Ereignis liege in sämtlichen positiven und negativen Bedingungen, die an seinem Zustandekommen beteiligt sind. Auch das Unterlassen einer medizinischen Handlung ist hiernach als negative Bedingung zu den Ursachen des Todes eines Menschen zu rechnen, was sich daran zeigt, dass es durch das Strafrecht als massgebliche Ursache verfolgt werden kann. Auch Kuhse und Singer ziehen hieraus die Konsequenz, dass die aktive

---

Sterbehilfe mit der Unterscheidung von Handeln und Unterlassen und spricht sich kritisch gegen sie aus.

6   H. Kuhse/P. Singer: Muss dieses Kind am Leben bleiben? Das Problem schwerstgeschädigter Neugeborener, 1993, 112ff.

Tötung (in diesem Fall bei schwerstgeschädigten Neugeborenen) moralisch nicht anders zu bewerten ist als die Tötung durch Unterlassen.

Kuiterts Argumentation zugunsten der Euthanasie lautet in etwa wie folgt: Ärztliches Handeln hat sich ausschliesslich am Wohl des Patienten zu orientieren. Das Kriterium dafür, was das Wohl des Patienten ist, liegt in dessen Willen und Selbstbestimmung.[7] Der Arzt ist verpflichtet, dem Patientenwillen zu entsprechen, da es moralisch geboten ist, eine Wohltat, um die ein anderer bittet, nicht auszuschlagen.[8] Wo er sich selbst aus Gewissensgründen zur aktiven Sterbehilfe nicht in der Lage sieht, gebietet doch diese Pflicht, den Patienten an einen Kollegen weiterzuvermitteln, der dazu bereit ist. Unter den Bedingungen der modernen Medizin kann das Wohl des Patienten nicht mehr einfach mit der Erhaltung des physischen Lebens gleichgesetzt werden. Vielmehr gehört hier zum Wohl des Patienten auch, auf eine humane Weise sterben zu dürfen. Das ärztliche Handeln muss daher die Sterbehilfe einschliessen. «Halten wir an der Sorge für das Wohl des Patienten als der eigentlichen Richtlinie für den Arzt fest, dann ist die Sterbehilfe auf der Linie dieser Fürsorge zu sehen, und die Bitte um Lebensbeendigung an den Arzt wieder auf der Linie der Sterbehilfe».[9] Da, wie gezeigt, ein Unterschied zwischen aktiver und passiver Sterbehilfe nicht gemacht werden kann, schliesst das grundsätzliche Ja zur Sterbehilfe auch ein Ja zur Tötung des Patienten ein, falls die für die Euthanasie geltenden Bedingungen – insbesondere die eindeutige Willenserklärung des Sterbewilligen – erfüllt sind.

Das scheint stringent zu sein, und dennoch liegt für das Empfinden nicht weniger Menschen genau an dieser Stelle ein tiefreichender moralischer Konflikt. Darf man einen Menschen töten? Darf dies insbesondere ein Arzt? Und ist es ethisch unbedenklich, einen anderen Menschen um Tötung zu bitten? Beruhen die diesbezüglichen Skrupel nur auf überholten religiösen Vorurteilen, die für den heutigen Menschen keine Geltung mehr beanspruchen können, oder sind hier grundsätzliche Fragen des zwischenmenschlichen Verhältnisses und der Wahrneh-

---

[7] Kuitert, aaO. 68.
[8] AaO. 63.
[9] Kuitert, aaO. 62.

mung von Sterben und Tod berührt, welche über die Grenzen einer bestimmten religiösen Tradition hinaus zu beachten sind?

II. Zum Sinn der Unterscheidung von aktiver und passiver Sterbehilfe

Wenn es eine Schwäche in Kuiterts Argumentation gibt, dann liegt sie darin, dass diesem Konflikt zu wenig Beachtung geschenkt wird. Kuiterts gesamte Argumentation zielt auf den Nachweis, dass die Euthanasie gar keinen wirklichen moralischen Konflikt aufwirft, weil es keinen einzigen stichhaltigen Grund gibt, der gegen sie spricht. Doch müsste eine unvoreingenommene Analyse die zweifellos bestehenden Skrupel vieler Menschen und insbesondere vieler Ärzte genauso in ihrer ethischen Bedeutung zu verstehen und zu erhellen suchen wie die Gründe, welche für die Euthanasie sprechen und unter denen bei Kuitert an erster Stelle das Recht auf Selbstbestimmung steht. Ist es ethisch wirklich unbedenklich, einen Menschen auf dessen Verlangen hin zu töten?

Es ist offensichtlich dieser Zweifel, durch welchen die Unterscheidung zwischen aktiver und passiver Sterbehilfe veranlasst ist. Aktive Sterbehilfe impliziert die Tötung eines Menschen, passive Sterbehilfe tut dies nicht. Das heisst aber, dass diese Unterscheidung anders gefasst werden muss, als dies bei Kuitert und anderen Autoren[10] unter dem Eindruck der juristischen Erörterung dieser Unterscheidung geschieht.[11] Primär geht es nicht um die Differenz von Handeln und Unterlassen, sondern vielmehr um die *Wahrnehmung des Todes eines Menschen*, nämlich ob dieser Tat ist oder aber Geschick. Ist er Geschick, dann muss auf ihn gewartet werden, bis er eintritt. Passive Sterbehilfe lässt sich von daher so bestimmen, dass bei ihr *die Situation des Wartens auf den Tod* gewahrt wird; aktive Sterbehilfe ist demgegenüber dadurch charakterisiert, dass sie diese Situation *beendet*

---

10 Vgl. Küng, aaO. 56f.; Eibach, aaO. 84ff.
11 Vgl. dazu zum Beispiel A. Eser: Erscheinungsformen von Suizid und Euthanasie – ein Typisierungsversuch, in: ders. (Hg.): Suizid und Euthanasie als humanwissenschaftliches Problem, 1976, 33ff. Ders.: Lebenserhaltungspflicht und Behandlungsabbruch in rechtlicher Sicht, in: A. Auer/H. Menzel/ A. Eser: Zwischen Heilungsauftrag und Sterbehilfe. Zum Behandlungsabbruch aus ethischer, medzinischer und rechtlicher Sicht, 1977.

oder ihr gar in einer Phase *zuvorkommt*, in welcher der Tod sich noch nicht angekündigt hat.

Wird die passive Sterbehilfe in dieser Weise definiert, dann hängt sie nicht von der Unterscheidung zwischen Handeln und Unterlassen ab. Sie muss sich dann nämlich nicht auf Unterlassung beschränken und kann durchaus in Massnahmen bestehen, die aktiv und direkt auf die Abkürzung der Sterbephase zielen. So kann in der Schweiz ein Arzt im Rahmen der Situation des Wartens auf den Tod bei einem Sterbenden die Reduktion der Flüssigkeitszufuhr anordnen, nicht nur um den Sterbeprozess durch die dadurch eintretende Opiatausschüttung zu erleichtern, sondern um ihn abzukürzen. Er dürfte diese Massnahme kaum als ein Unterlassen begreifen, sondern vielmehr als Handeln verstehen, nämlich als gezielte Reduktion der Flüssigkeitszufuhr, welche spätestens binnen einer Woche zum Tode führt. Entscheidend für die Zuordnung dieser Massnahme zur passiven Sterbehilfe ist,[12] wie gesagt, dass mit ihr die Situation des Wartens auf den Tod gewahrt wird.

Vielleicht wird man einwenden, dass diese Betrachtungsweise irrational ist. Läuft nicht jene Handlung des Arztes sowohl ihrer Intention wie ihrer kausalen Wirkung nach auf dasselbe hinaus wie eine Spritze mit einer Überdosis Morphium? Ist nicht beide Mal die Herbeiführung des Todes das Ziel? Und ist gemessen an diesem Ziel nicht die Spritze der effektivere Weg? Dazu ist mehreres zu sagen. Zum einen ist zu bestreiten, dass bei der passiven Sterbehilfe durch Reduktion der Flüssigkeitszufuhr die Intention dieselbe ist wie bei der aktiven Sterbehilfe durch eine Überdosis Morphium. Im einen Fall richtet sich die Intention auf die *Abkürzung* der Sterbephase, im anderen Fall richtet sie sich auf deren *Beendigung*. Das ist zweierlei. Zum anderen gilt es zu sehen, dass eine Handlung (oder Unterlassung) ihre Bestimmtheit nicht allein aus der zugrundeliegenden Intention und der kausalen Wirkung bezieht, sondern auch aus der Definition der Situation, in der gehandelt wird. Ein und dieselbe lebensverkürzende Massnahme hat einen anderen Charakter in einer Situation, in welcher der Tod sich bereits angekündigt hat und auf ihn gewartet wird, als in einer Situation, in wel-

---

12 Vgl. H.B. Stähelin: Flüssigkeitszufuhr bei terminalkranken geriatrischen Patienten, Schweiz. Rundschau Med. (PRAXIS) 82, Nr. 29/30 (1993).

cher dies nicht der Fall ist. Insofern ist eine Betrachtungsweise abstrakt, welche Handlungen oder Unterlassungen nur nach Intention und Wirkung beurteilt und von allen situativen Bezügen absieht. Schliesslich sollte man, was das Motiv des Wartens auf den Tod betrifft, besser nicht von einer irrationalen, sondern von einer *vorrationalen* Intuition sprechen, die es hier zu verstehen gilt. Offenbar liegt in unserer Kultur nicht wenig an dem Bewusstsein, dass die Trennung von einem Menschen, welche mit dem Tod eintritt, erlittenes Geschick ist und nicht fremde Tat. Für dieses Bewusstsein aber kommt der Situation des Wartens auf den Tod ausschlaggebende Bedeutung zu. Wenn dieses so ist, dann kommt es hier gar nicht so sosehr auf die kausalen Aspekte des ärztlichen Handelns an, auch nicht darauf, ob es als Handeln oder als Unterlassen einzustufen ist, sondern allein darauf, dass es dieses Bewusstsein ermöglicht, indem es die Situation des Wartens auf den Tod wahrt. Abstrakt betrachtet, unter rein kausalem Aspekt, kann man die Dehydration als Tötung eines Menschen einstufen, wenn man unter «*Tötung ...* eine *gegen das Leben* einer Person gerichtete Handlung, die ihren Tod *verursacht*»[13], versteht. Denn zweifellos trägt die Dehydration ursächlich zum Tod bei. Doch in der Situation des Wartens auf den Tod wird sie von den Beteiligten anders wahrgenommen. Dieser Situation kommt gleichsam eine *rituelle* Funktion zu, sofern man unter einem Ritual ein Geschehen versteht, welches der Gewinnung oder Wahrung einer bestimmten Erkenntnis dient, in diesem Fall der Erkenntnis, dass es der Tod (und nicht fremdes Handeln) ist, der uns durch sein Eintreten von einem Menschen getrennt hat. Es kommt hier ein Aspekt medizinischen Handelns in den Blick, welcher in der medizinischen Ethik nicht immer die Beachtung findet, welchen er verdient. Das ärztliche Handeln hat nicht nur zu heilen und zu lindern, nicht nur das Wohl des Patienten zu befördern. In ihm gestaltet sich auch das Verhältnis einer Gesellschaft zu Leben und Tod und die Art und Weise, wie Menschen durch den Tod voneinander geschieden werden. Dadurch sind ihm, mag dies bewusst sein oder nicht, Ritual-Funktionen übertragen, welche einer rein kausalen Betrachtung verborgen bleiben müssen.

---

[13] U. Eibach, aaO. 87

An der üblichen Erörterung der Unterscheidung zwischen aktiver und passiver Sterbehilfe ist daher vor allem zweierlei zu kritisieren. *Erstens* wird diese Unterscheidung in aller Regel allein unter dem Gesichtspunkt *moralischer* bzw. *juristischer Verantwortlichkeit* diskutiert. Dabei wird übersehen, dass es hier eigentlich um einen prämoralischen Sachverhalt geht, nämlich um die Wahrnehmung menschlichen Sterbens als Geschick statt als fremde Tat. Bei der moralischen bzw. juristischen Verantwortlichkeit geht es um die intersubjektive Zurechenbarkeit eines Tatbestandes, also um dessen Zurechnung durch andere. Was diese betrifft, so das auch bei Kuitert zu findende Argument, gibt es keinen Unterschied zwischen der Tötung eines Menschen durch Handeln oder durch Unterlassen (ich übergehe die Frage, ob das für alle hier denkbaren Fälle stichhaltig ist[14]). Doch gibt es neben der Zurechnungsperspektive der anderen auch die Perspektive des Handelnden selbst auf sein Verhalten, und beide Perspektiven können durchaus voneinander abweichen. So mag mir ein Verhalten als Klavierspielen bewusst sein, und andere mögen es mir als Ruhestörung zurechnen und mich dafür zur Verantwortung ziehen. Die Unterscheidung von aktiver und passiver Sterbehilfe betrifft zuerst und vor allem die Eigenperspektive des Handelnden selbst, das heisst das Bewusstsein, das der Arzt von seinem Verhalten hat: Weiss er es als Tötung eines Menschen oder als ein Handeln im Rahmen der Situation des Wartens auf den Tod. Man darf annehmen, dass die Skrupel, welche viele Ärzte bezüglich der aktiven Sterbehilfe empfinden, ihren primären Grund nicht darin haben, dass sie moralisch oder juristisch haftbar gemacht werden können, sondern vielmehr in der prämoralischen und präjuristischen Intuition, dass der Tod eines Menschen etwas ist, das nicht herbeigeführt werden darf, sondern abgewartet werden muss. Für sie ist daher entscheidend, dass sie ihr Handeln in Übereinstimmung mit dieser Intention wissen können. Was nun *zweitens* die moralische und juristische Zu-

---

14 Vgl. dazu A. Eser: Lebenserhaltungspflicht und Behandlungsabbruch in rechtlicher Sicht, a.a.O. 94: «Während aktive Erfolgsverursachung gleichsam *per se* – als Verletzung eines Tötungsverbots – rechtlich relevant ist, wird erfolgsermöglichendes Unterlassen rechtlich bedeutsam erst dann, wenn es *pflichtwidrig* ist: nämlich durch Nichterfüllung eines entsprechenden Lebenserhaltungs*gebots*».

rechnung betrifft, so ist hier die entscheidende Frage, welches der Tatbestand ist, der zugerechnet werden soll. Ist es ein aus allen situativen Bezügen herausgelöster und mithin *abstrakter kausaler Sachverhalt* – in diesem Fall landet man unweigerlich bei der leidigen Diskussion um Handeln und Unterlassen? Oder ist es die im ärztlichen Handeln erfolgende Wahrung bzw. Verletzung der vormoralischen Intuition, dass der Tod als Geschick abgewartet werden muss – in diesem Fall kann, wie erläutert, das ärztliche Handeln (mit Einverständnis des Patienten) durchaus auch aktive Massnahmen umfassen, das heisst kausal auf die Verkürzung der Sterbephase gerichtet sein, wenn nur die Situation des Wartens auf den Tod gewahrt bleibt. Die Frage ist mit anderen Worten, ob nicht auch die moralische und juristische *Zurechnung* letztlich dem *rituellen* Charakter ärztlichen Handelns Rechnung tragen muss. Bei der abstrakt kausalen Betrachtung besteht die Gefahr, dass Massnahmen, welche auf die Abkürzung der Sterbephase zielen, nicht mehr möglich sind, weil sie unter die Kategorie der aktiven Sterbehilfe fallen.

Wie das Beispiel der Reduktion der Flüssigkeitszufuhr zeigt, gibt es innerhalb der Situationsdefinition des «Wartens auf den Tod» einen grossen Spielraum für das ärztliche Handeln, den dieses auch nutzen sollte, das Einverständnis des Sterbenden und der Angehörigen vorausgesetzt. Welche Massnahmen die Situation des Wartens auf den Tod (noch) wahren und welche nicht, ist letztlich eine Frage des Ermessens und der Konvention unter den Medizinern. Es kann nicht an einer medizinischen Massnahme als solcher festgemacht werden, sondern hängt davon ab, wie diese sich in den Situationsrahmen des «Wartens auf den Tod» einfügt und welche Funktion sie innerhalb dieses Rahmens hat. Nicht zuletzt aufgrund der dynamischen Entwicklung auf dem Gebiet der medizinischen Techniken lässt sich jene Frage nicht ein für allemal beantworten. Und es ist anzunehmen, dass es unter den Ärzten hierüber immer unterschiedliche Auffassungen geben wird. Dabei ist es jedoch wichtig zu sehen, dass die Kontroverse darüber, ob eine medizinische Massnahme noch der passiven Sterbehilfe zuzuordnen ist, den Sinn der Unterscheidung zwischen aktiver und passiver Sterbehilfe nicht in Frage stellt, sondern dass sie vielmehr diese Unterscheidung voraussetzt. Keinesfalls kann also aus der Tatsache, dass die Grenze zur aktiven Sterbehilfe im Einzelfall strittig sein kann, ein Argument für die Nivellierung dieser Unterscheidung abgeleitet werden, um auf diese Weise die aktive Sterbehilfe zu legitimieren.[15]

Wenn die Massnahmen der passiven Sterbehilfe ihre Legitimation aus der Situation des Wartens auf den Tod beziehen, dann hängt Entscheidendes von der Frage ab, wann diese Situation gegeben ist und wie sie identifiziert werden kann. Denn wenn sie nicht gegeben ist, dann fallen entsprechende lebensverkürzende Massnahmen unter die Kategorie der aktiven Sterbehilfe. Problemlos scheint der Fall zu liegen, wenn nach ärztlichem Urteil die eigentliche Sterbephase eingetreten ist (wobei dieses Urteil selbst im Einzelfall durchaus Probleme aufwerfen kann). Der Tod kündigt sich von sich aus an, die Situation der Erwartung des Todes ist damit gegeben, und dies rechtfertigt entsprechende ärztliche Handlungen, die das Herbeikommen des Todes begleiten und gegebenenfalls, wie bei der Flüssigkeitsreduktion, aktiv unterstützen. Doch was ist bei terminalen Krankheiten, welche sich über Jahre hinweg hinziehen, ohne dass man sagen könnte, dass der Patient im Sterben liegt, wie dies zum Beispiel bei der Alzheimer-Krankheit der Fall ist? Hier lässt sich die Situation des Wartens auf den Tod nicht aus der medizinischen Diagnose ableiten, denn die Tatsache einer terminalen Erkrankung bedeutet nicht automatisch, dass das Leben nur noch unter dem Vorzeichen solchen Wartens steht. Jede vorschnelle Einstufung in dieser Richtung birgt die Gefahr in sich, dass man einen Lebenden auf die Seite des Todes schlägt, lange bevor er an die Schwelle des Todes gelangt ist, und dass dementsprechend keine Anstrengungen mehr unternommen werden, die Lebensmöglichkeiten auszuschöpfen, die er im Kreis seiner Angehörigen oder Freunde noch hat. Ob seine Situation ein Warten auf den Tod ist, kann oder könnte nur der Kranke selbst bestimmen. Für den Fall, dass er seine Situation so wahrnimmt (oder per Patientenverfügung vorwegnehmend so eingestuft hat), ist nun ein wichtiger Unterschied zu beachten zur passiven Sterbehilfe in der Sterbephase. Es muss nämlich unterschieden werden zwischen ärztlichen Massnahmen, die das Herbeikommen des Todes unterstützen (wie die Flüssigkeitsreduktion) und solchen, die es nicht verhindern (wie die Nicht-Behandlung eines Alzheimer-Kranken mit Antibiotika im

---

15 Hierlang scheint die Argumentation Küngs (aaO. 456f.) zu zielen.

Falle einer Lungenentzündung oder der Verzicht auf künstliche Ernährung im Fall der Nahrungsverweigerung). Hier also spielt die Unterscheidung zwischen Handeln und Unterlassen in der Tat eine gewisse Rolle. Massnahmen der ersten Art müssen auf die eigentliche Sterbephase beschränkt bleiben, das heisst sie sind – wenn der Tod etwas ist, das abgewartet werden muss – erst legitim, wenn der Tod sich von sich aus angekündigt hat. Unterlassungen der zweiten Art sind auch ausserhalb der Sterbephase legitim. Freilich sollte dies in der Regel an eine entsprechende Willenserklärung des Patienten gebunden bleiben. Im Prinzip bereitet dies keine Probleme, da es das Recht eines jeden Patienten ist, eine Behandlung zu verweigern. Kurzum: Auch im Fall einer terminalen Krankheit, die noch nicht in die Sterbephase eingetreten ist, ist passive Sterbehilfe im Sinne der hier aufgestellten Definition möglich, wobei in diesem Fall nicht die ärztliche Diagnose, sondern allein der Wille des Patienten darüber bestimmt, ob die Situation des Wartens auf den Tod gegeben ist oder nicht. Der Patientenwille qualifiziert hier die Situation so, dass der ärztliche Verzicht auf eine lebenserhaltende Massnahme nicht als Tötung durch Unterlassung, sondern als angemessenes Verhalten im Rahmen der Erwartung des Todes begriffen werden kann.

Dies soll zur Unterscheidung von aktiver und passiver Sterbehilfe genügen. Die Unterscheidung beruht auf der Prämisse, dass sich das Ritual des Wartens auf den Tod auch unter heutigen medizinischen Bedingungen aufrechterhalten lässt. Auch wenn zutrifft, dass Leben und Sterben sich heute nicht mehr ungebrochen «natürlich» vollziehen, sondern medizinischen Eingriffen vielfältigster Art unterliegen, auch wenn insbesondere das Sterben sich heute unter einem unvergleichlich grösseren medizinischen Aufwand vollzieht als zu früheren Zeiten, kann doch das ärztliche Handeln so ausgerichtet werden, dass es die Situation des Wartens wahrt. Die Frage ist, warum es sie wahren soll.

III. Zur ethischen Problematik der aktiven Sterbehilfe

Es gibt die Auffassung, und man trifft auf sie auch in der Sterbehilfediskussion, dass es sich bei der Tötungshemmung um eine durch das Christentum vermittelte und folglich religiös bzw. kulturell bedingte Einstellung handelt, welche angesichts einer veränderten Situation von Krankheit und Sterben heute ohne Schaden revidiert werden kann. Ärzte, welche diesbezüglich Skrupel haben, sind damit lediglich einer traditionellen Sicht des Todes verhaftet. Gegen diese Auffassung könnte sprechen, dass ein Tötungsverbot gegenüber Menschen universal, in allen Religionen und Kulturen anzutreffen ist, wobei der Kreis, auf den es sich bezieht – die Angehörigen der eigenen Sippe, des eigenen Volkes, der Menschheit insgesamt – durchaus unterschiedlich gezogen werden kann. Offenbar geht es hier um eine fundamentale Bedingung menschlichen Lebens und Zusammenlebens, und man sollte es sich daher in diesem Punkt nicht zu leicht machen. Die folgende Überlegung versucht, sich diesem anthropologischen Sachverhalt anzunähern. Sie geht von der *personalen* Verfasstheit menschlicher Existenz aus und zielt auf die These, dass die Tötung eines Menschen unvereinbar ist mit seinem Person-Status.

Angenommen, es lässt sich für diese These eine gewisse Plausibilität erzeugen, dann ergibt sich die nicht unwichtige Anschlussfrage, wie die Tötung auf Verlangen heute dennoch zunehmende Akzeptanz gewinnen kann. Ich sehe drei Gründe, die ich im folgenden näher erläutern will: An erster Stelle ist die *Entpersonalisierung* des Tötungsvorgangs zu nennen: Die Tötung gilt nicht der Person des Sterbewilligen, sondern sie befreit, als ärztliche Massnahme, diese Person von einem unerträglich gewordenen physischen Leben. Zweitens spielt auch hier, wie bei der passiven Sterbehilfe, die *Definition der Situation* eine fundamentale Rolle. Die Tötungshandlung wird von den Beteiligten auf einen höheren Notstand zurückgeführt, also auch hier dem Tod letztlich der Charakter des unabwendbaren Geschicks gegeben und auf diese Weise die Integrität der Personbeziehung gewahrt: Nicht in dieser liegt der Grund für die Tötung, sondern in einer für alle Beteiligten unerträglich gewordenen Notlage. Der dritte und wohl wichtigste Grund ist die sich schleichend vollziehende *Ausgliederung des Lebensendes* aus den gewohnten personalen bzw. sozialen Bezügen. Damit entfällt die Notwendigkeit entsprechender Rücksichten, und das hat zur Folge, dass die Vorstellung, der Tod sei etwas, das nicht herbeigeführt werden darf, sondern abgewartet werden muss, ihren Sinn verliert. Wo nicht mehr gemeinsam gewartet wird, sondern einsam auf den Stationen der Krankenhäuser und Pflegeheime, da ist nicht mehr einzusehen, warum überhaupt gewartet werden soll und nicht vielmehr einem jeden freigestellt werden kann, das Warten entweder selbst zu beenden oder beenden zu lassen.

Zunächst: Inwiefern ist die Tötung eines Menschen unvereinbar mit seinem Person-Status? Die Antwort hängt davon ab, wie der Begriff der Person bestimmt wird.

Dieser Begriff nimmt in der heutigen Bio-Ethik einen zentralen Rang ein. Dabei lässt sich die Fülle unterschiedlicher Personkonzepte kaum noch auf einen gemeinsamen Nenner bringen. Wenn es etwas gibt, worüber einigermassen Konsens besteht, dann ist es dies, dass Wesen, die Person-Status haben, einen besonderen Lebensschutz geniessen sollten. Man kann geradezu sagen, dass der Personbegriff innerhalb der bioethischen Diskussion eben diese Funktion hat, solche Wesen auszuzeichnen. Er tritt in dieser Funktion weithin an die Stelle des Begriffs des Menschen, welcher in der bioethischen Debatte, nicht zuletzt aufgrund der Speziezismus-Kritik (Singer), in seiner ethischen Bedeutung umstritten ist. Misslich an dem Dickicht der Personbegriffe ist vor allem dies, dass hier faktisch *Nominaldefinitionen* zum Kriterium dafür gemacht werden, ob das Leben bestimmter Wesen schützenswert ist oder nicht. Will man dies vermeiden, dann muss man anders vorgehen, als gemeinhin vorgegangen wird: Nicht zuerst nach einer Definition suchen und für das solchermassen Definierte dann eine Unverletzlichkeit des Lebens postulieren, sondern vielmehr von dem ausgehen, worüber Konsens besteht, und also fragen, was es denn ist, das uns an der Tötung eines Menschen[16] hindert, und das Gefundene dann als seine Personalität bestimmen. Auch bei diesem Vorgehen mag es verschiedene Antworten und Personkonzepte geben. Ein elementarer Sachverhalt, der hier auf jeden Fall in Rechnung zu stellen ist, ist zweifellos

---

16 Ich übergehe hier die in der Tierethik verhandelte Frage, ob man den Personbegriff auch auf Tiere ausdehnen kann.

der folgende. Wir sind mit uns selbst nur über die Perspektive des bzw. der anderen verbunden. Alles Bewusstsein von mir selbst, von meinem Erleben und Handeln als *meinem* Erleben und Handeln, bildet sich im Spiegel dieser Perspektive. Dass ich diese Perspektive auslöschen könnte, ist daher nicht einmal als Vorstellung vollziehbar. Im Prinzip begegnet sie mir im Antlitz eines jeden Menschen. Die Auslöschung dieses Antlitzes, die Tötung eines Menschen als Träger dieser Perspektive rührt daher an das Unvorstellbare, Entsetzliche.[17] Nur wenn das Opfer zuvor zur «Unperson» gemacht und aus dem Kreis derer ausgeschlossen worden ist, denen der Täter eine menschliche Perspektive auf sich verstattet, oder wenn, wie bei der Entpersonalisierung des Tötens, die Tötungshandlung nicht dem anderen als Träger dieser Perspektive, sondern vielmehr ausschliesslich seinem unerträglich gewordenen physischen Leben gilt, wird eine solche Handlung als vorsätzliche möglich. Von daher legt sich folgende Bestimmung des Personbegriffs nahe: Einen Menschen als Person wahrnehmen heisst, ihn als Träger der Perspektive wahrnehmen, durch die wir mit uns selbst verbunden sind und aus welcher wir das Bewusstsein unserer selbst beziehen. So gefasst bezeichnet der Personbegriff eine Relation. Person ist ein Mensch nicht kraft irgendwelcher inhärenter Eigenschaften (wie zum Beispiel Rationalität und Selbstbewusstsein), sondern Person ist er dadurch, dass andere (real oder potentiell) auf ihn als Person bezogen sind. Seine Personalität kommt ihm *von aussen* zu.

Auf zwei Konsequenzen für die Medizinethik sei hier nur hingewiesen. Personalität im hier vorgeschlagenen Verständnis setzt das *leibliche Gegenüber* der Perspektive des anderen voraus. Embryonen oder Föten kann daher kein Person-Status zuerkannt werden, sondern allenfalls der Status von werdenden Personen. Das entspricht dem üblichen Verständnis von «Person»: Der Name, durch den eine Person identifiziert ist, wird erst nach der Geburt zuerkannt. Der Personbegriff markiert also eine Differenz zwischen ungeborenem und geborenem Leben, und das ist nicht unwichtig im Blick auf die heute diskutierte Frage,

---

17 Ich habe dies näher ausgeführt in J. Fischer: Schuld und Sühne, in: ZEE, 1995/3, 188-295, bes. 192ff. zur Erfahrung von Schuld als Verschuldung des Entsetzlichen.

warum man nicht, wenn man die Abtreibung in bestimmten Fällen für erlaubt hält, auch die Säuglingstötung in entsprechenden Fällen erlaubt. Die Antwort ist, dass bei der Säuglingstötung die Ebene der Personbeziehung betroffen ist. Im Blick auf den Lebensschutz des ungeborenen Lebens muss dann anders als mit dem Person-Status argumentiert werden, sei es mit dem ethischen Status *menschlichen Lebens* oder (teleologisch) mit dem ethischen Status einer *werdenden Person*. Zum Zweiten ist im relationalen Personbegriff enthalten, dass mit der Frage, ob ein menschliches Wesen (zum Beispiel ein geistig Behinderter) Person ist oder nicht, unsere *Beziehung* zu ihm erfragt wird: Ob wir zu ihm in Personbeziehung stehen oder nicht. Die Antwort auf diese Frage aber lässt sich nicht aus intersubjektiv feststellbaren Eigenschaften an dem betreffenden Wesen selbst ableiten. Sie liegt andererseits auch nicht in unserer Entscheidung und Willkür. Denn wir sind darauf angewiesen, dass die Perspektive der anderen Person, über die wir allererst mit uns selbst verbunden sind, *uns vorausgeht und vorgegeben ist*. Würden wir sie also zu einer Angelegenheit unserer Willkür machen, so würden wir sie als uns vorgegebene Perspektive aufheben. Somit handeln wir unserer eigenen Menschlichkeit zuwider, wenn wir es zu einer Sache unserer Willkür machen, ob ein menschliches Wesen Person ist oder nicht. (Und es wäre im übrigen auch nicht sehr vorteilhaft für das menschliche Zusammenleben, wenn jeder frei wäre, jedem anderem den Person-Status ab- oder zuzuerkennen, wie es ihm passt.) Insbesondere wird ein Mensch nicht erst durch unsere Annahme Person.[18] Die Frage ist vielmehr, wie gesagt, ob wir zu dem betreffenden menschlichen Wesen in Personbeziehung *stehen*, im Sinne *vorgegebener* Bezogenheit. Die Antwort hierauf hängt offensichtlich von einer bestimmten Erschlossenheit der Beziehung zu diesem Wesen ab, welche

---

[18] Dieses Missverständnis wird durch den Satz nahegelegt: «Menschliches Leben ist nur dann menschliches Leben, wenn und sofern es angenommenes Leben ist.» (E. Jüngel/E. Käsemann/J. Moltmann/D. Rössler: Annahme oder Abtreibung. Thesen zur Diskussion über § 218 StGB, in: J. Baumann (Hg.): Das Abtreibungsverbot des § 218 StGB, Neuwied/Berlin 1971, 135-143, 139), insbesondere wenn dies in Verbindung mit der Aussage steht: «Das Ziel muss dabei sein, dass nur solche Kinder gezeugt und geboren werden, die von Eltern und Gesellschaft angenommen sind und angenommen werden.» (ebd.).

über das intersubjektiv Demonstrierbare und dezisionistisch Entscheidbare hinausgeht und in die praerationale bzw. religiöse[19] Dimension reicht. In der gegenwärtigen medizinethischen Diskussion ist es eine wichtige Aufgabe gerade der theologischen Ethik, das Bewusstsein für diese religiöse Implikation des Personbegriffs offen zu halten.

Damit ist ein Zusammenhang hergestellt zwischen Person-Status und Tötungshemmung. Nur wenn die Integrität der Personbeziehung gewahrt bleibt, können Menschen sich zu Menschen entwickeln, kann sich menschliche Identität im Spiegel des Antlitzes anderer Menschen bilden. Von hierher erschliesst sich der humane Gehalt der Vorstellung, dass der Tod als definitive Trennung von einem anderen Menschen nur Geschick sein kann und nicht fremde Tat. Mit dem Ritual des gemeinsamen Wartens auf den Tod wird etwas vollzogen, das der Personbeziehung zum anderen Menschen geschuldet ist und damit zugleich der eigenen Menschlichkeit.

Was nun die aktive Sterbehilfe betrifft, so fiele das Urteil leicht, wenn man einfach sagen könnte, hier werde die Personbeziehung, als ein unbedingt zu schützendes Gut, verletzt. Doch wird man den Befürwortern der Tötung auf Verlangen kaum unterstellen dürfen, dass sie die Person des Sterbewilligen missachten. Sie werden ganz im Gegenteil für sich in Anspruch nehmen, dass gerade sie dessen Person achten, indem sie seinen Willen ernst nehmen. Und sie werden vermutlich beipflichten, dass die menschliche Person ein unbedingt zu schützendes Gut ist. Die für die ethische Beurteilung entscheidende Frage ist damit, ob und wie aktive Sterbehilfe unter Wahrung der Integrität der Personbeziehung möglich ist.

Hier springt nun an erster Stelle eine bestimmte dualistische Sichtweise ins Auge, von der die Sterbehilfe-Debatte unterschwellig bestimmt ist. Sie trennt zwischen der *Person* und deren *physischem Leben*. Dieser Dualismus begegnet bereits im Postulat des Rechts auf Selbstbestimmung über den eigenen Tod. Denn gemeint ist ja hier immer nur der physische Tod, nicht der Tod als ein in personale und soziale Be-

---

[19] Von ganz anderen Voraussetzungen kommt auch Theo Kobusch (Die Entdeckung der Person. Metaphysik der Freiheit und modernes Menschenbild, 1995, 261) zu dem Resultat, dass die Person-Würde letztlich religiös verankert ist.

züge eingebettetes Geschehen. Solcher Dualismus ist verständlich vor dem Hintergrund, von dem hier die Befürworter der aktiven Sterbehilfe argumentieren: Das Medizinsystem droht das Lebensende zu enteignen, und deshalb muss das Recht auf Selbstbestimmung über den eigenen Tod gefordert werden. Freilich sollte man sehen, dass man mit dieser Argumentation genau jene dualistische Perspektive übernimmt, welche dem Medizinsystem von seinen Kritikern angelastet wird und welche in anderer Weise eine Enteignung in sich schliesst, nämlich die *Reduktion* eines Menschen auf seine rein physische Existenz.

Wie dem auch sei: Die dualistische Sicht ermöglicht es, die aktive Sterbehilfe so zu verstehen, dass dabei die Integrität der Personbeziehung nicht verletzt wird. Die durch den Arzt ausgeführte Tötung gilt nicht der Person des Patienten, sondern dessen unerträglich gewordenem physischen Leben. Einem operativen Eingriff vergleichbar befreit sie den Patienten von seinem Leiden, indem sie ihn von seinem Leben befreit.

Seine institutionelle Verankerung erfährt dieser Dualismus dadurch, dass nach Meinung der Befürworter die aktive Sterbehilfe dem Arzt vorbehalten bleiben soll. Ist doch dieser von Berufs wegen für die Belange des physischen Lebens zuständig. Natürlich gibt es viele sehr vernünftige Gründe dafür, warum die aktive Sterbehilfe in der Verantwortung des Arztes stehen sollte. Aber die Professionalisierung der Tötung als ärztliche Massnahme ist doch zugleich auch notwendig, um die Entpersonalisierung des Vorgangs sicherzustellen. Man braucht sich nur vorzustellen, die Verwandten müssten selber den Sterbewilligen töten oder dieser müsste sich mit seinem Wunsch, getötet zu werden, an seine Frau oder seine Tochter wenden. So aber können sich alle Beteiligten an den Gedanken halten, dass hier einer, der von Berufs wegen zur Linderung physischen Leidens zuständig ist, mit aller gebotenen Sorgfalt seines Berufsstandes tätig geworden ist und den Sterbewilligen von seinem Leiden befreit hat, indem er ihn von seinem Leben befreit hat. Auch hier geht es also genaugenommen um eine Ritualisierung, welche bei den Beteiligten ein bestimmtes Bewusstsein ermöglicht, nämlich dass die Tötung nicht der Person des Sterbewilligen gilt, sondern allein dessen leibliche Existenz beendet, und dass sie infolgedessen auch nicht auf der persönlichen Beziehungsebene verantwortet werden muss.

Freilich, auch wenn die Tötung nicht der Person gilt, so kann doch kein Beteiligter davon absehen, dass er die Person betrifft und deren Leben ein Ende macht. Besonders nahestehende Menschen, Verwandte und Freunde, können sich dies nicht verbergen. Es ist eben doch die eigene Mutter, die getötet werden soll, oder der eigene Vater oder das eigene Kind. Was kann einen Menschen veranlassen, dazu innerlich ja zu sagen? Damit komme ich zum zweiten Punkt.

Es ist schwer vorstellbar, dass Angehörige oder Freunde, die unmittelbar von einer solchen Entscheidung betroffen sind, sich an abstrakten moralischen Prinzipien orientieren wie jenen: dass ein jeder Mensch das Recht auf Selbstbestimmung über den eigenen Tod hat und dass man eine Wohltat, um die man gebeten wird, nicht verweigern darf. Ihr Verhältnis zu der sterbewilligen Person beruht nicht auf derartigen universalistischen Grundsätzen, sondern sie wissen sich zu dieser in einer singulären Beziehung mit einer singulären Geschichte, und ihr Problem ist, dass ihr Ja zu dieser Entscheidung mit dieser Beziehung zusammenstimmen muss. Insofern können sie den Vorgang nicht entpersonalisieren, sondern sind eminent mit dessen personaler Dimension konfrontiert. Diese aber schliesst eigentlich eine Tötung aus. Daran ändert wenig, dass es der Betroffene selbst ist, der nach Tötung verlangt. Denn die Beziehung zu einer Person betrifft tiefere Schichten als nur die Willens- oder Interessenebene, und man verharmlost den hier bestehenden Konflikt, wenn man ihn auf die einfache Frage reduziert, warum man jemandem, der um eine solche Wohltat bittet, nicht zu Willen sein soll.

So bleibt hier ein Konflikt, der weder durch die Entpersonalisierung der Tötungshandlung noch durch das Ausweichen auf die Ebene universalistischer moralischer Prinzipien aus der Welt zu schaffen ist. Letztlich kann dieser Konflikt wohl nur so verarbeitet werden, dass man die Tötung als durch eine Notlage erzwungen begreift, um die Integrität der Beziehung zur getöteten Person zu wahren. Der Tod ist dann auch hier durch höhere Gewalt bedingt, wie dort, wo er als Geschick kommt. Man hat nicht aus freien Stücken die Einwilligung zur Tötung gegeben, sondern weil die ganze Situation so beschaffen war, dass von ihr eine Nötigung ausging, der man sich nicht entziehen konnte. So werden die Beteiligten ihre Einwilligung zum Beispiel damit begründen, dass die Leiden der getöteten Person unerträglich geworden seien und dass man es nicht mehr habe mit ansehen können. Oder man wird sagen, dass man es angesichts der verzweifelten Intensität des Bittens um Beendigung des Lebens nicht über sich gebracht hat, sich diesem Verlangen zu widersetzen. Wer so spricht, der macht einen höheren Notstand geltend. Dies findet seinen Niederschlag übrigens auch in der niederländischen Rechtsprechung, welche eine Notlage des Arztes zur Bedingung für die Euthanasie macht, wohlgemerkt nicht des Sterbewilligen, sondern des Arztes, der die Tötung ausführt.[20] Sieht man also genauer zu, so muss man feststellen, dass aufseiten jener, die konkret von einer Euthanasie-Entscheidung betroffen sind und diese Entscheidung mittragen sollen, die Rechtfertigungsgründe von sehr anderer Art sind, als es die Befürworter der Euthanasie postulieren. Die eigentliche Grundlage ist nicht das allseits zu respektierende Selbstbestimmungsrecht des Sterbewilligen, nicht die Maxime, dass eine Wohltat, um die einer bittet, nicht verweigert werden darf, sondern der Rekurs auf einen höheren Notstand.

Hieraus resultiert eine gewisse Inkonsistenz in der Argumentation der Befürworter. Man möchte etwas für Recht erklärt wissen, für das man gleichzeitig einen höheren Notstand geltend macht bzw. das nur unter diesem Aspekt als tolerierbar erscheint. Der Gedanke eines höheren Notstands aber impliziert, dass die aktive Sterbehilfe gerade nicht als Recht, sondern als zu tolerierende, weil durch die Umstände erzwungene *Ausnahme* vom geltenden Recht begriffen werden muss. Diese Schieflage findet sich auch in gewissen Argumentationsstrategien für die aktive Sterbehilfe. Man verweist auf die *Nötigung,* die in der Schwere des Leidens eines Menschen für alle Beteiligten liegen kann,

---

20 Vgl. Kuitert, aaO. 116. Anders der deutsche Alternativ-Entwurf-Sterbehilfe von 1986, der vorschlägt, von Strafe abzusehen, «wenn die Tötung der Beendigung eines schwersten, vom Betroffenen nicht mehr zu ertragenden Leidenszustands dient». (Zitiert nach J.-P. Wils: ‹Euthanasie›, in J.-P. Wils/D. Mieth: Ethik ohne Chance? Erkundungen im technologischen Zeitalter, ²1991, 247-292, 255.) Hier ist also nicht die Notlage des Arztes, sondern das schwere Leiden des Patienten die Bedingung für die Straffreiheit.

indem man entsprechende Fälle eindringlich vor Augen führt, und leitet daraus die moralische und rechtliche *Legitimität* der Tötung auf Verlangen ab, indem man daran appelliert, dass diese doch in den genannten Fällen «erlaubt» sein müsse oder «gerechtfertigt» sei. Eine solche Argumentation aber ist rein suggestiv. Sie spielt mit einer doppelten Bedeutung, welche die Wörter «erlaubt» und «gerechtfertigt» haben können. Einerseits kann gemeint sein «nicht zu verurteilen beziehungsweise zu tolerieren», andererseits kann gemeint sein «moralisch oder rechtlich legitim». Daraus, dass eine Tötung auf Verlangen von niemandem verurteilt werden kann, weil sie aus einer wirklichen Notlage für alle Beteiligten heraus erfolgt ist, kann nicht gefolgert werden, dass sie moralisch oder rechtlich unbedenklich und legitim war.

Ich komme damit zum dritten Punkt, der mir der wichtigste zu sein scheint: Wenn der Gedanke, dass der Tod nicht herbeigeführt werden darf, sondern abgewartet werden muss, seine Begründung aus der zu wahrenden Integrität der Personbeziehung bezieht, dann verliert dieser Gedanke seinen Sinn, wenn das Lebensende aus den eingelebten sozialen Bindungen ausgegliedert wird und dadurch zu etwas wird, was der einzelne mit sich alleine abmachen muss. Das aber ist heute weithin der Fall. Gewartet wird auf den Tod auf den Stationen der Krankenhäuser und Pflegeheime, und dies oft in grosser Einsamkeit. Im Durchschnitt sterben heute 75 Prozent und in Grossstädten bis über 90 Prozent in Kranken- und Pflegeinstitutionen.[21] Aufgrund der sozialen Bedingungen – doppelte Berufstätigkeit, zu kleine Wohnung, sonstige familiäre Belastungen – sehen sich die Angehörigen häufig zur häuslichen Pflege nicht in der Lage. Hinzu kommt die abnehmende Bindungskraft familiärer Beziehungen, welche durch eine zeitaufwendige Betreuung und Pflege sehr rasch überfordert sein können. Hinzu kommt aber auch eine gegenüber früheren Zeiten grössere Befangenheit und Hilflosigkeit gegenüber Sterben und Tod, welche ebenso zur Verdrängung des Sterbens aus der Gemeinschaft beiträgt. «Wenn es wahr ist, dass der Tod der Verlust von Gemeinschaft ist, dann lassen wir viele Sterbende schon vor ihrem Tod sterben. Weil wir unsere eigenen Trennungsängste nicht verarbeitet haben, neigen wir dazu, die Ster-

---

[21] Nach Eibach, aaO. 38.

benden schon vor dem Eintreten ihres Todes aus der Gemeinschaft mit uns zu verdrängen».[22] Schliesslich ist auch dies ein wichtiger Punkt, dass Ärzte und Pflegepersonal in der Regel weder die Zeit noch eine entsprechende Ausbildung für die Begleitung Sterbender haben und dass andererseits in Deutschland Seelsorger, die eine solche Ausbildung haben, wenn überhaupt, dann nur sehr zufällig und unzureichend in die Gesamtbetreuung Kranker und Sterbender in den Kliniken integriert sind.[23] So trägt auch das Medizin-System mit seiner Abspaltung des physischen Lebens von der Person zur Ausgrenzung des Sterbenden aus personalen Bezügen bei.

Wenn auf diese Weise das Lebensende zu etwas wird, das der einzelne mit sich selbst abmachen muss, dann stellt sich die Frage, welches Recht die Allgemeinheit dann noch hat, ihm diesbezüglich moralische oder juristische Vorschriften zu machen. Welches Gut ist hier noch zu schützen, das es rechtfertigen könnte, die Tötung auf Verlangen unter entsprechende Sanktionen zu stellen? Die Unverletzlichkeit des Lebens der Person? Dem wird mit der Entpersonalisierung des Tötungsvorgangs als ärztlicher Massnahme Rechnung getragen. Eine bestimmte Auffassung von Humanität und von humanem Sterben, mit der die Tötung auf Verlangen unvereinbar ist? Sie wird nicht durch Sanktionen geschützt, welche eine Handlung unter Verbot stellen, durch welche Menschen einem inhumanen Sterben zu entfliehen suchen. Man mag es bedauern und für falsch halten, dass Menschen diesen Schritt tun. Aber ein Recht, sie daran durch Sanktionen zu hindern, hätte man nur, wenn durch ihre Entscheidung und ihr Handeln etwas verletzt würde, wofür man selbst ein Recht hat oder was die Grundlagen des Zusammenlebens betrifft. In dem Masse, wie das Lebensende aus der Gemeinschaft ausgegliedert wird, verliert die Allgemeinheit das Recht auf moralische und juristische Einmischung.

Das einzige Argument, dem hier Gewicht zukommen kann, ist der Hinweis auf einen möglichen Dammbruch-Effekt. Die Freigabe der Tötung auf Verlangen, so die Befürchtung, könnte dazu führen, dass

---

[22] D. Ritschl: Nachdenken über das Sterben. Zur ethischen Frage der Sterbebegleitung, in: Ders.: Konzepte. Ökumene, Medizin, Ethik, 1986, 282-297, 295.
[23] Vgl. Ritschl, aaO. 296f.

allgemein die Hemmschwelle bezüglich der Tötung menschlichen Lebens sinkt, zum Beispiel was die Tötung schwerstbehinderter Neugeborener oder von Menschen im Koma betrifft. Wenn man Berichten über die niederländische Situation Glauben schenken darf,[24] dann muss mit einem solchen Bewusstseinswandel gerechnet werden. Und in der Tat ist eine solche Senkung der Hemmschwelle ja bereits in der besagten dualistischen Sichtweise angelegt, nach der nicht eine Person getötet, sondern vielmehr eine Person von einem unerträglichen physischen Leben befreit wird. Diese Sichtweise kann die Skrupel senken gegenüber der Tötung auch solcher Personen, die keinen ausdrücklichen diesbezüglichen Willen äussern können. Warum soll nicht auch ihnen die Wohltat solcher Befreiung zuteil werden? Was spricht dagegen, die Euthanasie in dieser Weise auszuweiten?

Die Logik der Argumentation für die aktive Sterbehilfe enthält hier eine gewisse Unklarheit. Auf der einen Seite wird das Recht auf Selbstbestimmung über den eigenen Tod aus dem Recht eines jeden Menschen auf ein humanes Sterben ohne langes Leiden und Siechtum abgeleitet.[25] Dieses letztere Recht müsste dann freilich auch willensunfähigen menschlichen Wesen zugestanden werden. Warum sollen sie in einer inhumanen Situation ausharren müssen, welcher der Willensfähige mit der Entscheidung zur Euthanasie entkommen kann? Um der Konsequenz der Euthanasie an willensunfähigen menschlichen Wesen zu entgehen, wird auf der anderen Seite die Legitimität der Euthanasie allein aus dem Recht auf Selbstbestimmung abgeleitet. Damit hat man ein Kriterium, um willensunfähige menschliche Wesen von der Euthanasie auszunehmen, da sie zur Selbstbestimmung nicht in der Lage sind. Doch wirft auch dies Fragen auf. Geht es bei der Euthanasie-Problematik tatsächlich nur um die Verwirklichung des Rechtes auf Selbstbestimmung, und zwar abstrakt, um seiner selbst willen? Oder wird nicht vielmehr das Recht auf Selbstbestimmung deshalb eingeklagt, weil man sich selbst und andere nicht einem inhumanen Sterben ausgeliefert sehen möchte? Was dabei die leitende Vorstellung von einem

---

24 Vgl. O. Tolmein: Wann ist der Mensch ein Mensch? Ethik auf Abwegen. 1993, 77ff.
25 So der gesamte Duktus der Argumentation Küngs.

«humanen» Sterben betrifft: Ist es tatsächlich nur deshalb human, weil es selbstbestimmt ist, oder nicht vielmehr deshalb, weil einem Menschen schweres und langes Leiden erspart bleibt? Wenn aber dies der eigentliche Grund für die Forderung nach Zulassung der Euthanasie ist, dass dem Menschen schweres Leiden erspart bleiben soll, weil es inhuman, das heisst gegen seine Würde ist, dann endet man wieder bei der Frage, warum dies dann nicht auch für willensunfähige Menschen gelten muss.

Um hier ein Kriterium zu gewinnen, kann man auf die Funktion verweisen, welche bei der aktiven Sterbehilfe der Verständigung mit dem Sterbewilligen zukommt. Er will von einem unerträglich gewordenen Leidenszustand befreit werden. Damit markiert er selbst die für die Entpersonalisierung des Tötungsvorgangs notwendige Differenz zwischen seiner Person und seiner physischen Existenz und stellt so für die Beteiligten sicher, dass mit der Tötungshandlung nicht über seine Person verfügt wird. Dies entfällt, wo eine Verständigung nicht möglich ist. Weil die betreffende menschliche Person sich nicht äussern kann, entlastet hier nichts die aktive Tötung von dem Verdacht, dass man sich mit ihr einer (behinderten, zur Last gewordenen) *Person* entledigt, das heisst eines Wesens, das, wie sehr es auch in seinen Lebensmöglichkeiten beeinträchtigt sein mag, dazu bestimmt ist, Teil des eigenen Lebens zu sein. Hier also tangiert die Tötung eminent die Personbeziehung, und dies ist der Grund, warum sie ethisch und moralisch-rechtlich anders bewertet werden muss als die Tötung auf Verlangen.

Eine Freigabe der aktiven Sterbehilfe an willensunfähigen menschlichen Personen wäre daher problematisch. Und auch die passive Sterbehilfe sollte hier auf die eigentliche Sterbephase beschränkt sein. Der Verzicht auf den Erhalt des Lebens mit medizinischen Massnahmen kann hier nur den Grund haben, dass diese Massnahmen nach ärztlichem Urteil ihren Sinn verloren haben, das heisst nichts mehr bessern und retten.[26] Ein so begründeter Verzicht zielt nicht auf die Beendigung des Lebens und ist folglich nicht eigentlich der Euthanasie zuzurechnen.

---

[26] Vgl. Kuitert, aaO. 75ff.

144

Allerdings können sich auch hier ethische Konflikte ergeben. Denn die Frage ist berechtigt, ob nicht aufgrund solcher ethischer Skrupel menschlichen Wesen Leiden aufgebürdet werden, die ihnen erspart werden könnten. Muss dies nicht mindestens ebenso grosse ethische Skrupel verursachen? Helga Kuhse und Peter Singer haben das Problem an Fallbeispielen schwerstbehinderter Neugeborener dargestellt. Wichtig scheint mir hier auch zu sein, dass die Ethik nicht den Ehrgeiz haben sollte, Konflikte aus der Welt zu schaffen, indem sie suggeriert, sie liessen sich auf eindeutige Lösungen bringen. Das bedeutet, dass auch hier allenfalls ein Handeln aus einem Notstand heraus denkbar ist, das von den Handelnden auf ihre Verantwortung genommen werden muss, nicht aber generelle moralische oder juristische Legitimationen.

Freilich, die Differenzierung zwischen willensfähigen und willensunfähigen menschlichen Personen nimmt der Dammbruch-Befürchtung kaum etwas von ihrem Gewicht. Denn man muss in der Tat befürchten, dass die Subtilität solcher Unterscheidungen sich im allgemeinen Bewusstsein verschleift. So wird man, was die rechtliche Seite betrifft, wohl letztlich bei jenem Kompromiss enden, der sich ähnlich wie in den Niederlanden möglicherweise auch in Deutschland abzeichnet: dass man um des befürchteten Dammbruch-Effektes willen jegliche Euthanasie unter Strafandrohung stellt; dass man aber zugleich der veränderten Situation des Sterbens in der modernen Gesellschaft dadurch Rechnung trägt, dass man die Tötung auf Verlangen unter gewissen Bedingungen von Strafverfolgung ausnimmt.

Insgesamt ist damit deutlich geworden, dass die aktive Sterbehilfe ihre eigentliche Begründung gar nicht so sehr aus dem postulierten Recht auf Selbstbestimmung über das eigene Lebensende bezieht. Was diese betrifft, so muss man vielmehr sagen, dass das Lebensende erst durch seine Verdrängung aus den personalen und sozialen Bedingungen frei wird für die Selbstbestimmung des einzelnen. Hier liegen wohl die wichtigsten Gründe für den heutigen Bewusstseinswandel.

Anzufragen bleibt im übrigen die Rede von *humanem Sterben*. Folgt man der Argumentation der Befürworter der Tötung auf Verlangen, dann ist es korrekter zu sagen, dass mit ihr ein Mensch einem inhumanen Sterben zu entkommen oder zuvorzukommen sucht. Ist sein Sterben damit schon human? Die Rede von humanem Sterben kann hier leicht zur Beschönigung werden. Wenn das menschliche Leben mehr ist als bloss physisches Leben, müsste dann nicht ein humanes Sterben, wenn es so etwas gibt, mehr sein als bloss physisches Ableben? Es dürfte dann in ihm nicht vergessen oder verdrängt sein, dass es eine Person ist, die stirbt, und das wiederum setzt voraus, dass es von anderen Personen begleitet und mitgetragen wird. Dies, und nicht die blosse Beendigung oder Vermeidung physischen Schmerzes, macht ein Sterben human – vielleicht. Freilich: wer dürfte darüber urteilen und von vornherein in Abrede stellen, dass humanes Sterben in diesem Sinne sich auch da vollziehen kann, wo Menschen in einer verzweifelten Situation keinen anderen Ausweg wissen als die Tötung auf Verlangen, und auch dies miteinander tragen?

IV. Die Aufgabe theologischer Ethik

Aus theologischer Sicht lassen sich mancherlei Einwände gegen die aktive Sterbehilfe vorbringen, so wie sie von manchen ihrer Befürworter propagiert wird. Genannt sei nur die dualistische Sicht des Menschen, welche schwerlich vereinbar ist mit einer den ganzen Menschen als Einheit aus Leib und Seele verstehenden theologischen Anthropologie. Worauf es hier jedoch zuerst ankommt, ist die Einsicht, dass aus einer anders gerichteten theologischen Sicht des Menschen nicht unmittelbar moralische Verdikte gegen die aktive Sterbehilfe («unerlaubt») oder Forderungen nach juristischem Verbot abgeleitet werden dürfen. Es würden damit nicht nur die Ebenen von Religion, Moral und Recht durcheinander gebracht. Es würde damit auch ein katastrophales Gottesbild[27] befördert: Ein Gott, der da, wo Menschen aufgrund der veränderten Bedingungen des Sterbens in der modernen Gesellschaft keinen Sinn in einem einsamen Warten auf den Tod auf Kranken- und Pflegestationen sehen können, solches Warten als abstraktes moralisches Gesetz auferlegt.

Stattdessen gilt es, in dieser Sache das prämoralische Orientierungspotential des christlichen Glaubens zu verdeutlichen, sein Verständnis

---

[27] Vgl. zu diesem Aspekt des Problems: W. Neidhart: Das Selbstbestimmungsrecht des Schwerkranken aus der Sicht eines Theologen, in: Schriftenreihe der Schweiz. Gesellschaft für Gesundheitspolitik Nr. 36, Muri/Schweiz 1994.

von menschenwürdigem Leben und Sterben. Aus der Fülle dessen, was hier zu sagen wäre, will ich abschliessend vier Punkte hervorheben.

1. Der christliche Glaube weiss um eine Dimension von Personbeziehung, welche auch unter den defizitären Bedingungen heutigen Sterbens unverlierbar ist. Wer seine Existenz so sehen kann, dass Gott auf ihn als Person bezogen ist und ihn als Person begleitet, der muss sein Sterben nicht mit sich selbst alleine abmachen. Für den bleibt vielmehr das Sterben ein Geschehen in der Sphäre der Personbeziehung und ist nicht bloss physisches Ableben. Hieran muss sich ein theologisches Verständnis von «humanem Sterben» orientieren, und es muss in der heutigen Sterbehilfe-Debatte kritisch gegen Auffassungen geltend gemacht werden, welche das Sterben auf seinen physischen Aspekt reduzieren.

2. Wenn ein humanes Sterben die Sphäre der Personbeziehung einschliesst, dann ist es der abstrakten Selbstbestimmung des einzelnen entzogen. Denn es ist dann in Beziehungen eingebettet, die nicht nur der Bestimmung eines einzelnen anheimgestellt sind. Von daher gewinnt der heute vielkritisierte Gedanke seinen humanen Sinn, dass Leben und Sterben in letzter Instanz nicht in der Hand des Menschen ist, sondern bei Gott steht, und dass die menschliche Existenz auf ihrem tiefsten Grund nicht Selbstbestimmung und Aktivität, sondern Passivität ist.[28] Dieser Gedanke entzieht Leben und Sterben der Verfügung des einzelnen und wahrt so eine entscheidende Bedingung menschlichen Zusammenlebens. Er impliziert darüber hinaus, dass der Sinn des Lebens eines Menschen sich nicht in dem erschöpft, was er selbst darin als Sinn zu sehen vermag. Vielmehr gibt es noch andere Perspektiven auf sein Leben – die Perspektive Gottes und der Menschen, für die er Teil ihres Lebens ist –, für die sein Leben einen Sinn haben kann, den er nicht annähernd zu ermessen vermag, weil er die Perspektiven der anderen nicht wirklich einnehmen kann. Die Aussa-

---

[28] Vgl. zur theologischen Explikation dieses Gedankens im Blick auf die Schöpfungs- und Rechtfertigungslehre U. Körtner: Reine Rezeptivität, Über die menschliche Grundpassivität als Element einer theologischen Handlungstheorie, in: W. Pratscher/G. Sauer (Hg.): Die Kirche als historische und eschatologische Grösse, Festschrift für Kurt Niederwimmer zum 65. Geburtstag, 1994, 153-164.

ge, dass Leben und Sterben bei Gott stehen, gewinnt hier die Bedeutung, dass uns im Letzten das Urteil über den Sinn unseres Lebens und auch unseres Sterbens entzogen bleibt. Denn weder wir selbst noch irgendein anderer Mensch verfügen über die umfassende Perspektive, für die der Gesamtsinn unseres Lebens oder auch nur irgendeiner Phase davon offenbar ist. Nach christlichem Verständnis kommt diese umfassende Perspektive allein Gott zu.

Gerade dieser Punkt provoziert freilich heute Einwände: Muss ein Mensch nicht einen Sinn in seinem Leben sehen können, um leben zu können? Muss daher nicht letztlich doch seine Perspektive auf sein Leben massgebend sein? Was ist, wenn einem Menschen das Leben zur unerträglichen Bürde wird, die er nicht mehr tragen kann und will? Darf man ihn deshalb verurteilen, wenn er seinem Leben ein Ende macht oder andere um Tötung bittet? Und war nicht gerade die christliche Auffassung, dass das menschliche Leben und Sterben bei Gott steht, immer wieder Grund für solche Verurteilung? Letzteres ist nur zu wahr. Zu solcher Konfusion von Religion und Moral wurde das Nötige gesagt. Was aber die anderen Fragen betrifft, so ist es keineswegs so, dass wir in jedem Augenblick den Sinn unseres Lebens kennen und gleichsam vor Augen haben müssen, um leben zu können. Die meiste Zeit können wir die Frage, ob unser Leben einen Sinn hat und worin dieser besteht, ruhen lassen, weil wir es als irgendwie sinnvoll erfahren. Keinesfalls machen wir unsere Existenz von Tag zu Tag von einer expliziten Antwort auf diese Frage abhängig. Ein Mensch, der sich genötigt sieht, das Urteil hierüber an sich zu ziehen und seinem Leben ein Ende zu machen, befindet sich daher in einer Ausnahmesituation. Dies führt zu dem entscheidenden Punkt, über den hier zu streiten ist. Er betrifft die Anerkennung der Tatsache, dass die Entscheidung sowohl zum Suizid wie zur Tötung auf Verlangen allemal nur eine Ausnahmesituation, eben einen «Notstand», darstellt und dass aus dieser Ausnahmesituation nicht eine moralisch legitimierte Regel gemacht werden darf des Inhalts, dass «wir.... selbst, wann auch immer, über Leben und Tod bestimmen dürfen und müssen».[29]

---

[29] Kuitert, aaO. 87.

Letzteres scheint mir die Tendenz in Kuiterts Argumentation zu sein: Indem sie sich darauf konzentriert, die fälschlicherweise aus dem christlichen Glauben abgeleiteten moralischen Einwände zu entkräften, die gegen Suizid und gegen die Tötung auf Verlangen vorgebracht werden, endet sie schliesslich bei dem Ergebnis, beides für moralisch unbedenklich und legitim zu erklären. Doch eben damit wird der eigentliche Konflikt überspielt. Denn dieser ist unterhalb der moralischen Ebene lokalisiert. Er hat seine Wurzeln nicht in moralischen Vorurteilen, so dass er durch deren Kritik aus der Welt zu schaffen wäre, sondern er ist vielmehr in der praemoralischen, personalen Verfasstheit menschlichen Lebens angelegt.

3. Wenn das Warten auf den Tod allein um des gegenüber Personen geltenden Tötungsverbots willen notwendig und verordnet wäre, dann wäre es ein in sich sinnloses Ausharren in der Zeit. Einen Sinn gewinnt es erst von anderen Bezügen her, allem voran der Zuwendung, mit der Angehörige oder andere Personen den Sterbenden begleiten. Entscheidende Voraussetzung hierfür ist, dass Menschen die Begleitung eines Kranken oder Sterbenden als die *ihnen jetzt bestimmte Aufgabe* verstehen können. Das heisst aber, dass die Situation des Leidens und Sterbens von irgendwoher solche Bestimmtheit für sie gewinnen muss. In unserer Kultur hat diesbezüglich das Christentum und haben insbesondere die biblischen Texte eine wichtige Rolle gespielt. Sie haben dafür gesorgt, dass Leiden und Sterben als etwas wahrgenommen wurden, das besonderer Zuwendung und Fürsorge bedarf. Es fragt sich, ob dergleichen Bestimmtheit von Leiden und Sterben sich überhaupt anders als aus letztlich religiösen Wurzeln speist. Es gehört heute leider bis in die Theologie hinein zum guten Ton, die Sicht, welche die christliche Tradition vom Leiden hatte, mit teilweise harscher Kritik zu überziehen («Mystifizierung des Leidens»). Aber man sollte doch nicht übersehen, dass diese Sicht es war, welche in unserer Kultur Menschen zum Dienst am Leidenden und Sterbenden motiviert hat. Und man sollte, wenn man selbst mit solcher Kritik die Destruktion dieses religiösen Motivationshintergrundes betreibt, nicht gleichzeitig darüber klagen, dass die innere Bereitschaft zur nicht selten aufopferungsvollen Begleitung Kranker und Sterbender sinkt und das Sterben mehr und mehr in die Einsamkeit verstossen wird.

In diesem Zusammenhang muss man Karikaturen entgegentreten, die sich selbst bei einem renommierten Theologen finden. So schreibt Küng in seinem Plädoyer für die Tötung auf Verlangen: «Ja, es gibt Theologen, die in diesem Zusammenhang einen ‹Anteil am Leiden Christi› fordern – als ob Jesus selber die unerträglichen Leiden eines durch die Medizin am Leben erhaltenen Todkranken befürwortet hätte»![30] Es ist müssig, darüber zu spekulieren, ob Jesus solche Leiden, und andererseits: ob er die Tötung auf Verlangen befürwortet hätte. Und natürlich ist es absurd, jemanden unter die *Forderung* zu stellen, er müsse leiden um des Anteils am Leiden Christi willen. Aber es darf doch daran erinnert werden: Wenn in der Vergangenheit christliche Krankenorden es sich zur Regel machten, Christus in seinen kranken Gliedern täglich zu besuchen, dann nahmen sie den Kranken als jemanden wahr, *der Anteil am Sein und am Leiden Christi* hat. Von dorther bezog für sie die Situation der Krankheit und des Sterbens ihre Bestimmtheit, und dies mit der Konsequenz, dass für sie die Medizin nicht nur eine Kunst des Heilens, sondern auch eine Kunst praktischer Bruder- und Nächstenliebe war. Wohlgemerkt: Es geht hier nicht um eine «Mystifizierung des Leidens», auch nicht um die absurde Befürchtung, dass die Euthanasie die Tür zu einer «leidfreien Gesellschaft» aufstossen könnte,[31] sondern um die in der christlichen Überlieferung verwurzelte Einsicht, dass da, wo Menschen gemeinsam dem Leiden standhalten, ein Stück elementarer Humanität verwirklicht wird.

4. Freilich: Die Theologie darf nicht die Augen davor verschliessen, dass das Warten auf den Tod unter heutigen Bedingungen, bei der professionellen Verwaltung des Siechtums und Sterbens in darauf spezialisierten Einrichtungen, tatsächlich weithin als ein sinnloses Ausharren in der Zeit erfahren wird. Angesichts dieser Situation wird man der Aussage aus dem Bericht «Euthanasie und Seelsorge» der reformierten Kirche der Niederlande von 1985 nicht widersprechen können, «dass die Vorstellung, dass das Leben ein Geschenk Gottes ist, manchmal an der erbärmlichen Lage eines Menschen zerbricht».[32]

---

30 Küng, aaO. 55.
31 Küng, aaO. 54f.
32 Zitiert nach Kuitert, aaO. 122.

150

Wahrscheinlich vollzieht sich dies für die meisten Menschen heute viel banaler, nicht als Anfechtung im Glauben, sondern als Erfahrung von Vereinsamung, als unerträglich empfundener Abhängigkeit, Leere und Sinnverlust. Wo Menschen hieraus die Konsequenz der aktiven Beendigung ihres Lebens ziehen, da geht es in theologischer Sicht um die Verdeutlichung des Gedankens der Barmherzigkeit Gottes: nicht im Sinne der Vergebung einer moralisch verwerflichen Tat, sondern im Sinne des Angenommenseins eines Menschen auch da, wo er in dem ihm auferlegten Geschick keinen Sinn mehr zu sehen vermag. Kirche und Theologie bezeugen diese Barmherzigkeit glaubwürdig dadurch, dass sie sich hier entschieden jeglichen moralischen Urteils enthalten. Das ist, wohlgemerkt, etwas anderes als die Aussage des erwähnten Berichts «Euthanasie und Seelsorge», «dass ein Entschluss, das eigene Leben beenden (zu lassen), aus christlicher Sicht gerechtfertigt sein *kann*».[33] Denn der Begriff «gerechtfertigt» impliziert ein moralisches Urteil, oder er legt doch zumindest dieses Missverständnis nahe. Von ihrem Verständnis menschlichen Lebens und Sterbens her müssen Theologie und Kirche vielmehr mit derselben Entschiedenheit, mit der sie von moralischen Verurteilungen Abstand nehmen, jeder moralischen Legitimierung der Euthanasie entgegentreten.

So besteht die entscheidende Aufgabe von Kirche und Theologie in der heutigen Euthanasie-Debatte darin, das Bewusstsein für die Bedingungen menschenwürdigen Sterbens wach zu halten und sich für dessen Ermöglichung einzusetzen. Was das Letztere betrifft, so sind hier insbesondere die diakonischen Einrichtungen der Kirche gefordert. Sie können an diesem Punkt ihr spezifisches Profil ausweisen.

---

[33] Ebd.

Zur rechtlichen Regelung der aktiven Sterbehilfe[1]

Die aktive Sterbehilfe und der Schwangerschaftsabbruch werden in der ethischen Literatur gerne als Beispiele angeführt für die Ohnmacht der professionellen Ethik, auf argumentativem Wege zu jedermann überzeugenden Problemlösungen zu gelangen. In der Tat erwartet man von der Ethik zu viel, wenn man glaubt, sie könne die Probleme zweifelsfrei lösen, welche Gegenstand gesellschaftlicher Kontroversen sind. Ihr Beitrag ist bescheidener. Sie kann moralische Probleme analysieren, um dem einzelnen Gründe an die Hand zu geben für eine aus eigener Einsicht getroffene Entscheidung.

Ich will zunächst diejenigen Punkte benennen, über die man sich in der Frage der aktiven Sterbehilfe sollte verständigen können. Der erste betrifft die Frage, was eigentlich Gegenstand der Diskussion sein sollte und was nicht. Strittig sollte nicht die Frage der moralischen Beurteilung der Euthanasie sein, sondern allein die Frage ihrer rechtlichen Regelung. Ersichtlich ist das zweierlei. Man kann die aktive Sterbehilfe für moralisch fragwürdig halten und gleichwohl aus liberaler Überzeugung dafür eintreten, dass die Entscheidung darüber der Selbstbestimmung des Einzelnen überlassen bleiben sollte. Und man kann umgekehrt die aktive Sterbehilfe in bestimmten Ausnahmesituationen für eine mögliche moralische Option halten und gleichwohl gegen eine rechtliche Regelung nach dem holländischen Modell sein, wenn man die Folgen einer solchen Regelung für moralisch problematisch hält. Über die moralische Bewertung der aktiven Euthanasie wird in einer weltanschaulich pluralen Gesellschaft kaum Konsens zu erzielen sein. Die Diskussion sollte sich daher auf die Frage der rechtlichen Regelung konzentrieren.

Auch darüber sollte man sich verständigen können, dass die Selbstbestimmung und moralische Autonomie eines jeden allen Respekt verdient. Das gilt insbesondere für die Selbstbestimmung dessen, der anders denkt als wir selbst. Begründungspflichtig ist daher die strafrechtliche Sanktionierung der aktiven Sterbehilfe, da sie einen Eingriff in die

---

[1] Erstveröffentlichung unter dem Titel «Warten können. Zur ethischen Problematik der aktiven Sterbehilfe» in der NZZ am 21. April 2001.

Selbstbestimmung darstellt, nicht deren Entpönalisierung oder Legalisierung. Das entspricht einem liberalen Rechtsverständnis. Es entspricht aber auch, wie ich als evangelischer Ethiker hinzufügen möchte, einem urprotestantischen Anliegen, nämlich dass in Fragen, die letztlich nur der einzelne vor seinem eigenen Gewissen verantworten kann, kein Zwang ausgeübt werden darf. Das schliesst aus, dass jemand gegen seine eigene Einsicht zu einer Handlung oder Unterlassung gezwungen wird, nur weil andere sie für moralisch geboten oder für moralisch falsch halten. Und es verbietet sich von daher die Inanspruchnahme des Rechtes für die zwangsweise Durchsetzung der eigenen Moralvorstellungen.

Verständigen können sollte man sich schliesslich auch darüber, dass die Selbstbestimmung und moralische Autonomie dort ihre Grenzen hat, wo sie mit Folgen verbunden ist, durch welche andere in ihrer Integrität und Selbstbestimmung beeinträchtigt werden. Dies ist der Dreh- und Angelpunkt der Euthanasie-Debatte. Die Befürchtungen sind bekannt: Würde die aktive Euthanasie zur gängigen, auch durch das Recht akzeptierten Praxis, dann könnte es sein, dass damit der Selbstbestimmung des Einzelnen gerade nicht gedient ist. Es könnten, so wird befürchtet, neue Zwänge entstehen in Gestalt des sozialen Drucks, anderen nicht zur Last zu fallen und daher das eigene Leben zu beenden. Befürchtet wird weiter, dass ganz allgemein die Hemmschwelle gegenüber der Tötung eines Menschen gesenkt werden könnte, mit Auswirkungen auch auf die Gruppe einwilligungsunfähiger Personen, bei denen von Selbstbestimmung keine Rede sein kann. Wenn das Ziel der Liberalisierung der aktiven Euthanasie die Ermöglichung eines humanen Sterbens ist, mit welchem Recht enthält man dieser Gruppe ein solches Sterben vor?

In solchen Befürchtungen sind zwei verschiedene Elemente enthalten, ein prognostisches und ein bewertendes. Um zu wissen, ob etwas an ihnen ist, müssten wir einerseits wissen, ob die Liberalisierung der aktiven Euthanasie tatsächlich die Folgen hat, die befürchtet werden, und wir müssten uns zweitens ein Urteil bilden darüber, ob diese Folgen tatsächlich ethisch so zu bewerten sind, wie sie in diesen Befürchtungen bewertet werden. Das Dilemma besteht darin, dass es im Hinblick auf beide Aspekte keine hinreichende Klarheit gibt. Der Hinweis auf die niederländischen Erfahrungen hilft hier nur bedingt weiter.

Zum einen werden die verfügbaren Daten aus den Niederlanden sehr kontrovers interpretiert. Zum anderen ist zu fragen, ob sich die niederländischen Erfahrungen einfach auf andere Länder übertragen lassen.

Immerhin lassen sich aus der niederländischen Entwicklung gewisse Anhaltspunkte gewinnen, die auch bei der Diskussion in der Schweiz bedacht werden sollten. Ich möchte drei nennen. Der erste betrifft die Tatsache, dass die Verrechtlichung der aktiven Sterbehilfe zur Folge haben kann, dass die rechtliche Sicht die ethische Problemwahrnehmung überlagert und verdrängt. Für die rechtliche Beurteilung ist entscheidend, was ein Arzt nachweislich getan hat. Was nicht genau feststellbar ist, muss aus der rechtlichen Beurteilung ausgeklammert werden. Ob ein Arzt Schmerzmittel verabreicht hat mit der Intention, Schmerzen zu lindern, oder aber mit der Intention, das Leben des Patienten zu verkürzen, ist in der Regel kaum ermittelbar. Daher entfällt für die rechtliche Beurteilung die Unterscheidung zwischen indirekter und aktiver Euthanasie. Ebenso ist nicht mit Sicherheit feststellbar, ob ein Sterbender in jene Phase eingetreten ist, die man die Sterbephase zu nennen pflegt. Daher spielt es für die rechtliche Beurteilung keine Rolle, ob Euthanasie innerhalb oder ausserhalb der Sterbephase geleistet wird.

Diese rechtliche Sicht ist in den Niederlanden massgebend geworden für die begrifflichen Unterscheidungen, die bezüglich der Euthanasie getroffen werden. Das ist aus ethischer Sicht nicht unbedenklich: Es macht einen grossen Unterschied, ob Schmerzmittel zur Schmerzlinderung oder zur Lebensverkürzung eingesetzt werden. Und es macht ebenso einen grossen Unterschied, ob lebensverkürzende Massnahmen ausserhalb oder innerhalb der Sterbephase angewendet werden. Im einen Fall geht es darum, Leben abzukürzen oder zu beenden, im andern darum, ein Sterben abzukürzen, nachdem der Tod sich bereits angekündigt hat.

Der zweite Punkt betrifft den allgemeinen Bewusstseinswandel, der bei einer Liberalisierung der rechtlichen Bestimmungen, die die aktive Euthanasie betreffen, mit einiger Wahrscheinlichkeit zu erwarten ist. Das niederländische Modell war so gefasst, dass die aktive Euthanasie ein Straftatbestand bleiben sollte, freilich mit der Möglichkeit einer Strafbefreiung unter bestimmten Bedingungen. Man setzte auf die symbolische Wirkung des Strafrechts. Die Einstufung als Straftat sollte im allgemeinen Bewusstsein halten, dass es sich bei der aktiven Euthanasie um keine leicht zu nehmende Entscheidung handelt, sondern um eine Entscheidung, für die schwerwiegende Gründe vorliegen müssen. Das Modell stellte nicht auf die Selbstbestimmung und Autonomie des Patienten ab, sondern auf die Notlage, in der der Arzt sich befindet und welche er ausweisen muss. Tatsache ist, dass heute eine bemerkenswerte Mehrheit der niederländischen Bevölkerung für die Legalisierung, d. h. Entkriminalisierung der aktiven Euthanasie ist. Auch dies ist also zu bedenken, dass man sich im Fall einer Liberalisierung der aktiven Euthanasie nach dem holländischen Modell nicht mit der symbolischen Wirkung des Rechts beruhigen kann.

Der dritte Punkt betrifft das ärztliche Ethos. Auch hier dürfte im Falle einer Liberalisierung ein Wandel zu erwarten sein. Heute hätte vermutlich eine Mehrheit der Schweizer Ärztinnen und Ärzte Mühe mit einer Argumentation, wie der holländische Theologe und Ethiker Harry Kuitert sie vertreten hat: Die Sorge für das Wohl des Patienten ist für den Arzt oberstes Gebot; jemanden aus einer schweren Notlage zu befreien, dient zweifellos dessen Wohl; die Tötung eines sterbenskranken, leidenden Menschen auf dessen dringendes Verlangen hin befreit diesen aus einer schweren Notlage; deshalb liegt die aktive Euthanasie auf der Linie des ärztlichen Ethos. Auf dem Hintergrund des tradierten ärztlichen Ethos ist der Ausdruck «Sorge für das Wohl des Patienten» mit der Vorstellung der Lebenserhaltung, der Heilung, der Linderung und Begleitung gefüllt. Die Tötung eines Menschen liegt ganz ausserhalb dieser Vorstellung. Bei einer Umfrage aus dem Jahr 1995 unter Schweizer Ärztinnen und Ärzten, bei denen diesen verschiedene mögliche Szenarien aktiver Sterbehilfe vorgelegt wurden, befürworteten zwischen 11 und 22 % der Befragten die aktive Euthanasie. Für den Fall, dass die aktive Sterbehilfe eingeführte Praxis wird, ist zu erwarten, dass ihre Akzeptanz unter den Ärztinnen und Ärzten erheblich zunehmen wird und sich das ärztliche Ethos entsprechend ändert. In der niederländischen Ärzteschaft hat die aktive Sterbehilfe heute eine hohe Akzeptanz.

Man kann diese Punkte gewiss ganz unterschiedlich bewerten. Und man kann darauf hinweisen, dass wir angesichts solcher Szenarien vielleicht zum gegenwärtigen Zeitpunkt Skrupel empfinden, dass wir das aber nicht mehr tun werden, wenn der Bewusstseinswandel erst einmal eingetreten ist. Warum sollten wir also unsere jetzigen Skrupel höher bewerten als die möglicherweise zu erwartende Akzeptanz in der Zukunft? Es gibt auf diese Frage keine andere Antwort als die, dass wir nun einmal nicht anders urteilen können als nach dem uns gegenwärtig zur Verfügung stehenden Urteilsvermögen. Der Hinweis, dass die Gewöhnung an einen Zustand uns in Zukunft wird anders urteilen lassen, als wir es jetzt tun, ist ein zweifelhaftes Argument, liesse sich doch mit ihm auch so manche Barbarei rechtfertigen.

Im Kern geht es bei der Debatte um die aktive Sterbehilfe um eine Intuition, nämlich dass der Tod eines Menschen etwas ist, das abgewartet werden muss und nicht herbeigeführt werden darf. Es ist diese Intuition, welche der Unterscheidung zwischen aktiver und passiver Sterbehilfe zugrunde liegt. Passive Sterbehilfe ist eben dadurch charakterisiert, dass bei ihr die Situation des Wartens auf den Tod gewahrt wird; aktive Sterbehilfe ist demgegenüber dadurch charakterisiert, dass sie diese Situation beendet oder ihr in einer Phase zuvorkommt, in welcher der Tod sich noch nicht angekündigt hat.

Intuitionen lassen sich nicht rational begründen. Man kann nur versuchen, sich ihres orientierenden oder desorientierenden Sinnes zu vergewissern, indem man fragt, welche negativen oder auch positiven Folgen es hat, wenn sie nicht mehr in Kraft sind. Und man kann weiter fragen, ob nicht auch jene, die die aktive Euthanasie in Ausnahmefällen von Strafe freistellen wollen, diese Intuition teilen, was sich eben daran zeigt, dass sie nicht eine Legalisierung, sondern eine restriktive Ausnahmeregelung befürworten. Vielleicht ist es ja möglich, sich auch darüber noch zu verständigen, dass man diese Intuition nicht leichtfertig aufs Spiel setzen darf. Das schliesst nicht aus, dass man im Einzelfall Verständnis haben kann dafür, dass ein Arzt die Grenze zwischen indirekter und aktiver Euthanasie überschreitet, um ein Sterben abzukürzen. Die schwierige Frage ist, ob man den Ausnahmefall verrechtlichen sollte, wodurch er zwangsläufig zu einem Regelfall würde.

Fremdnützige Forschung bei nichteinwilligungsfähigen Personen

I.

Zu den schwierigsten Fragen der Medizinethik gehören die Regelungen und Entscheidungen, die im Blick auf nichteinwilligungsfähige Personen zu treffen sind. Das betrifft zum einen die Frage der Sterbehilfe bei komatösen oder dementen Patienten. Und es betrifft zum anderen die Frage der fremdnützigen Forschung an nichteinwilligungsfähigen Personen, welche aktuell im Zusammenhang mit der Ratifizierung der sogenannten Bioethik-Konvention des Europarates zur Entscheidung steht.

Die ethische Sensibilität bei beiden Problemkreisen resultiert aus gewissen medizinethischen Weichenstellungen nach dem zweiten Weltkrieg. Auf dem Hintergrund der Verbrechen nationalsozialistischer Mediziner machte die erste Regel des Nürnberger Kodex von 1947 die freie Einwilligung eines Menschen zur Bedingung für dessen Einbeziehung in Forschungsuntersuchungen. Dabei war freilich die besondere Problematik der Forschung an nichteinwilligungsfähigen Patienten noch nicht im Blick.[1] Dies wurde erst in der Deklaration des Weltärztebunds zur biomedizinischen Forschung in Helsinki 1964 der Fall. Diese betrachtet die Forschung an nichteinwilligungsfähigen Patienten ethisch dann für zulässig, wenn sie «das Leiden des Patienten zu heilen und zu vermindern vermag» und wenn ein gesetzlicher Vertreter an Stelle des Patienten seine Einwilligung gegeben hat. Bedingung ist also ein individueller Nutzen für den Patienten selbst. Fremdnützige Forschung an Einwilligungsunfähigen ist danach ausgeschlossen.

---

[1] H. Helmchen: Ethische Implikationen der Einwilligung nach Aufklärung in der psychiatrischen Forschung. Vortrag auf dem Kongress der Deutschen Gesellschaft für Psychiatrie, Psychotherapie und Nervenheilkunde (DGPPN) vom 17.-20. Juni 1998. Helmchen verweist auf L. C. M. Meijers u. a., Committee «Medical Experiments with Incapacitated Persons» to the Ministry for Health, Welfare, and Sport and the Ministry of Justice. Den Haag. 1995.

Schliesslich muss man, um die gegenwärtige Diskussionslage zu verstehen, auch die Entwicklung der neueren Medizinethik seit Ende der 60er Jahre berücksichtigen. Als sie zunächst in den USA ihren Aufschwung nahm, stand der Gedanke der Patientenautonomie im Zentrum. Der Wille des Patienten und dessen Selbstbestimmung wurden zum verbindlichen Kriterium für das ärztliche Handeln. Das fand seinen Niederschlag auch im Recht, insbesondere in der Konstruktion des «mutmasslichen Willens» eines Patienten, der zu eigenen Willensäusserungen nicht mehr in der Lage ist. Die Beurteilung der Situation eines Patienten durch andere, etwa durch die behandelnden Ärzte, hatte gegenüber diesem Kriterium zurückzutreten. Unmissverständlich ist dies in einem Urteil des deutschen Bundesgerichtshofes festgehalten: «Objektive Kriterien, insbesondere die Beurteilung einer Massnahme als gemeinhin ‹vernünftig› oder ‹normal› sowie den Interessen eines verständigen Patienten üblicherweise entsprechend, haben keine eigenständige Bedeutung; sie können lediglich Anhaltspunkte für die Ermittlung des individuellen hypothetischen Willens sein».

Das Dilemma für den Arzt ist damit vorgezeichnet: Wie soll er sich in Fällen verhalten, in denen ein mutmasslicher, «hypothetischer» Wille nicht feststellbar ist? Wie gar dort, wo ein Patient niemals in seinem Leben zu einer vollumfänglichen autonomen Willensäusserung oder eigenständigen Entscheidung fähig war wie im Fall eines Mädchens, von dem aus den USA berichtet wird, das mit 7 Jahren apallisch wurde und danach noch 37 Jahre lang in einem Zustand völliger Wahrnehmungs- und Empfindungslosigkeit[2] am Leben erhalten worden ist? Unter Juristen regen sich daher Zweifel, ob die Figur des «mutmasslichen Willens» eine hinreichende Entscheidungsgrundlage für das ärztliche Handeln darstellt. So schreibt der Basler Jurist Günter Stratenwerth: «Die Frage muss also sein, wie man die Situation oder den Zustand des Patienten umschreiben soll, der es rechtfertigen könnte, auf eine artifizielle Lebensverlängerung zu verzichten oder sie zu beenden. Hier

---

2   Vgl. zum internationalen Diskussionsstand zum apallischen Syndrom und zu den dadurch aufgeworfenen ethischen Problemen W. Nacimiento, Das apallische Syndrom. Diagnose, Prognose und ethische Probleme, in: Deutsches Ärzteblatt 94, Heft 11, 1997, A-661 - A-666.

droht, wie nach den Mordaktionen des NS-Regimes an geistig gestörten Patienten jedermann bewusst ist, die Gefahr, menschliches Leben danach zu klassifizieren, ob es einem Aussenstehenden noch als lebenswert erscheint oder nicht. Trotzdem führt wohl kein Weg an der Notwendigkeit vorbei, lebenserhaltende Massnahmen an Kriterien zu binden, über die wir uns gewissermassen objektiv verständigen müssen. Dabei sollte aber allein die Perspektive des Betroffenen massgebend sein, die Frage also, was eine Lebensverlängerung für ihn noch bedeuten könnte, ungeachtet der Interessen etwa von Angehörigen oder gar der Allgemeinheit.»

Andere, jedoch nicht minder schwerwiegende Fragen stellen sich im Blick auf die Einbeziehung nichteinwilligungsfähiger Personen in fremdnützige Forschungsuntersuchungen. Die strikte Bindung solcher Forschung an das Kriterium der Einwilligung der betroffenen Person hat zur Konsequenz, dass fremdnützige Forschung an Personen, für die ein tatsächlicher oder mutmasslicher Wille nicht festgestellt werden kann oder die gar niemals in ihrem bisherigen Leben einwilligungsfähig waren, zum Tabu wird. Kein noch so grosser Nutzen für andere Menschen, die an derselben Krankheit oder Behinderung leiden, kann solche Forschung rechtfertigen, selbst wenn sie für die betroffene Person einen gefahrlosen und nur geringfügig belastenden Eingriff darstellt. Dagegen wird das Verbot ins Feld geführt, Personen zu instrumentalisieren. Auf der anderen Seite besteht nicht zuletzt aufgrund der Entwicklung der demographischen Bevölkerungsstruktur ein erheblicher Forschungsbedarf gerade bei Krankheitszuständen (Schlaganfälle, Demenzen, Intoxikationsfolgen, Komata), die zur Einwilligungsunfähigkeit führen (können).[3]

In dieser durch Unsicherheit gekennzeichneten Diskussionslage stellt sich für die Ethik die Aufgabe, die leitenden Orientierungen daraufhin zu befragen, ob sie denn tatsächlich die Implikationen haben, die – vielleicht allzu selbstverständlich – aus ihnen abgeleitet werden. Das betrifft vor allem den Begriff der *Person*. Inwiefern ist ein Eingriff zum Zwecke fremdnütziger Forschung, der den *Leib* einer nichteinwilligungsfähigen Person betrifft, eine Instrumentalisierung und Verletzung

---

[3] Helmchen, aaO.

der Integrität der *Person*? Ist es richtig, die Wahrung oder Verletzung der Integrität einer Person ganz und ausschliesslich vom Kriterium der Respektierung ihres *Willens* abhängig zu machen? Könnte dann eine Person, die niemals in ihrem Leben zu einer eigenen Willensäusserung, geschweige denn zu einem selbstbestimmten Leben fähig war, überhaupt in ihrer Integrität verletzt werden? Brauchen wir nicht in der Tat für Personen, bei denen ein tatsächlicher oder mutmasslicher Wille nicht festgestellt, ja möglicherweise gar nicht *unterstellt* werden kann, «objektive» Kriterien für die Bestimmung dessen, was in ihrem Fall «Wahrung ihrer Integrität» bedeutet?

Die folgenden Überlegungen beabsichtigen, im Ausgang vom Konzept der Person Kriterien zu entwickeln, welche einerseits die Selbstbestimmung und Autonomie des Patienten verbindlich einschliessen, wo immer die entsprechenden Voraussetzungen gegeben sind, welche aber andererseits so umfassend sind, dass sie auch in solchen Fällen Entscheidungen ermöglichen, wo diese Voraussetzungen fehlen und von einem tatsächlichen oder mutmasslichen Willen des Patienten nicht ausgegangen werden kann.

II.

Da an anderer Stelle in diesem Buch das Personkonzept erläutert worden ist,[4] können wir uns in diesem Punkt kurz fassen. Konstitutiv für dieses Konzept sind vor allem zwei Aspekte: erstens die Unterscheidung zwischen der schlechthin individuellen Person und ihrer leib-psychischen Natur, zweitens die Individuierung der Person über die Teilhabe an einer Personengemeinschaft. Wie wir gleich sehen werden, kommt beiden Aspekten entscheidende Bedeutung für die Klärung der Problematik der fremdnützigen Forschung an Einwilligungsunfähigen zu.

Diese Problematik wird von der «Zentrale[n] Kommission zur Wahrung ethischer Grundsätze in der Medizin und ihren Grenzgebieten» bei der deutschen Bundesärztekammer folgendermassen beschrieben: «Ein besonderes ethisches Dilemma tritt bei Forschungen auf, durch die

---

4 Vgl. in diesem Buch 17ff.

voraussichtlich nicht der Betroffene selbst, immerhin aber andere Personen, die sich in der gleichen Altersgruppe befinden oder von der gleichen Krankheit oder Störung betroffen sind, von den gewonnenen Erkenntnissen Nutzen haben. Hier steht auf der einen Seite das Verbot, eine Person ohne ihre Einwilligung einer Massnahme zugunsten anderer zu unterziehen, die nicht ihrem eigenen Interesse dient (‹Instrumentalisierungsverbot›). Auf der anderen Seite steht die ethische Überzeugung, einer Person geringfügige Risiken zumuten zu dürfen, wenn damit anderen eine grosse Hilfe erwiesen werden kann. Zwar kann niemand – sei er einwilligungsfähig oder nicht – zur Hilfestellung für eine Gruppe zukünftiger Patienten durch Teilnahme an einer wissenschaftlichen Untersuchung verpflichtet werden, selbst wenn der Nutzen für diese Patienten erheblich und die Risiken für ihn selbst minimal sind. Jedoch erscheint eine Einbeziehung nichteinwilligungsfähiger Personen in eine solche Untersuchung dann vertretbar, wenn – abgesehen von der Einhaltung weiterer Schutzkriterien – der gesetzliche Vertreter aus der Kenntnis der vertretenen Person (insbesondere ihrer früheren Lebenshaltung und -auffassung oder expliziter früherer Aussagen) ausreichende Anhaltspunkte hat, um auf ihre Bereitschaft zur Teilnahme an der Untersuchung schliessen zu können und umgekehrt keine widerstrebenden Willensäusserungen des Betroffenen selbst vorliegen».[5] Nach der hier vertretenen Position ist – unter noch weiteren Kautelen[6] – fremdnützige Forschung bei solchen Personen ethisch vertretbar, die einmal einwilligungsfähig gewesen sind und bei denen über den gesetzlichen Vertreter ein tatsächlicher oder mutmasslicher Wille festgestellt werden kann. Das entscheidende Kriterium für die ethische Zulässigkeit liegt im Willen der betroffenen Person. Forschung an solchen Personen, die niemals in ihrem bisherigen Leben

---

5   «Zum Schutz nicht-einwilligungsfähiger Personen in der medizinischen Forschung», Deutsches Ärzteblatt 94: B 2194-6 (1997).

6   Genannt werden unter anderem: «Das Forschungsprojekt kann nicht auch an einwilligungsfähigen Personen durchgeführt werden»; «das Forschungsprojekt lässt wesentliche Aufschlüsse zur Erkennung, Aufklärung, Vermeidung oder Behandlung einer Krankheit erwarten»; «das Forschungsprojekt lässt im Verhältnis zum erwarteten Nutzen vertretbare Risiken erwarten»; «die zuständige Ethikkommission hat das Forschungsvorhaben zustimmend beurteilt».

vollumfänglich einwilligungsfähig gewesen sind, etwa an Kindern oder im Fall geistiger Behinderungen, ist dementsprechend ethisch nicht zu rechtfertigen.

Diese Position ist in ethischer Hinsicht nicht unproblematisch, weil sie möglicherweise ganze Patientengruppen vom medizinischen Fortschritt ausschliesst. Die Frage ist daher, ob sie tatsächlich durch den Respekt vor der Integrität und Würde der Person zwingend gefordert ist.

Zuerst und vor allem ist hier an die *Einheit* und zugleich *Differenz* der Person mit ihrer leib-psychischen Natur zu erinnern. *Einheit* insofern, als die leib-psychische Natur die Grundlage des Lebensvollzugs und zugleich das Medium des In-Erscheinung-Tretens einer Person ist, durch das ihr bestimmte Rahmenbedingungen für ihr Leben vorgegeben sind. *Differenz* insofern, als die Person mit dieser ihrer Natur nicht identisch ist. Letzteres bedeutet, dass ein medizinischer Eingriff in die *Natur* einer Person nicht schon *als solcher* eine Verletzung ihrer Integrität als *Person* darstellt. Sonst müsste auch bei einwilligungsfähigen Patienten jede Operation als Verletzung ihrer personalen Integrität gelten.

Man kann den Sachverhalt, um den es hier geht, in erster Annäherung so formulieren: Der medizinische Eingriff in die leib-psychische Natur einer Person ist dann keine Verletzung ihrer Integrität als Person, wenn letztere dabei *respektiert* wird und *gewahrt* bleibt. An diesem Punkt entzündet sich die Kontroverse: Was heisst es, die Integrität einer Person zu respektieren und zu wahren? Welche Bedingungen müssen hierfür beachtet und eingehalten werden? Wie erwähnt, hat die neuere Medizinethik die informierte, im Zustand voller geistiger Klarheit und aus freien Stücken erfolgende Einwilligung der *mündigen, urteilsfähigen* Person zum entscheidenden Kriterium erhoben. Die Person wird durch einen Eingriff in ihre leib-psychische Natur in ihrer Integrität dann nicht verletzt, wenn dieser Eingriff aufgrund solcher Einwilligung erfolgt. Die Probleme, die dieses Kriterium im Hinblick auf Personen aufwirft, die über die hierfür notwendigen Voraussetzungen nicht verfügen, liegen auf der Hand. «Der Preis für das Beharren auf dem Prinzip [sc. der Selbstbestimmung]», schreibt Dietrich Rössler, «bestünde darin, dass ein bestimmter Kreis von Patienten von der medizinischen Erforschung ihrer Krankheit ausgeschlossen bliebe. Dieser Kreis von Patienten, der schon durch die Erkrankung selbst benachteilig sei, werde durch das Forschungsverbot noch einmal diskriminiert. Die Kranken hätten auf medizinischen Nutzen zu verzichten, und zwar aus Gründen, zu denen sie selbst nicht Stellung nehmen könnten. Die Maximen der ärztlichen Ethik leiten dazu an, den Patienten sowohl unmittelbar sowie durch die wissenschaftliche Forschung zu helfen. Für diejenige moralische Überzeugung, die in Kauf nimmt, einen bestimmten Kreis von Patienten aus dieser Forschung auszuschliessen, würde offenbar diese Überzeugung schwerer wiegen als die Verpflichtung zur ärztlichen Hilfeleistung.»

Solche nur schwerlich plausiblen Konsequenzen lassen sich nur vermeiden, wenn die Integrität nichteinwilligungsfähiger Personen von den Voraussetzungen her definiert wird, die bei ihnen *tatsächlich gegeben sind* bzw. die wir *tatsächlich bei ihnen feststellen können*. Und da gibt es Fälle, in denen weder ein tatsächlicher noch ein mutmasslicher Wille eruiert oder gar unterstellt werden kann. Das bedeutet, dass die Wahrung bzw. Verletzung der Integrität einer Person durch medizinisches Handeln *umfassender* bestimmt werden muss als nur über das Kriterium der Einwilligung.

Man muss daher *allgemeiner* formulieren: Die Integrität einer Person wird dann gewahrt, wenn die Voraussetzungen respektiert, erhalten, nicht gefährdet, sondern nach Möglichkeit *gefördert* werden, auf die sich ihr individuelles Person-Sein gründet und innerhalb deren sich ihr Leben als Person vollzieht. Zu diesen Voraussetzungen *kann* die Fähigkeit zu mündiger Selbstbestimmung gehören, und wo dies der Fall ist, da ist die Einwilligung des Patienten verpflichtende Bedingung für das medizinische Handeln. Aber sie muss es nicht.

Formuliert man die Dinge in dieser Weise, dann wird im Fall von Personen, die niemals in ihrem Leben fähig waren zu eigenen Willensäusserungen, geschweige denn zu einem selbstbestimmt geführten Leben, deren Integrität nicht schon dadurch verletzt, dass an ihnen medizinisches Handeln ohne ihre Einwilligung erfolgt. Denn die Fähigkeit zur eigenen Willensbestimmung gehört nicht zu den Voraussetzungen, mit denen sie sich uns in ihrem individuellen Person-Sein präsentieren. Daher müssen wir unser Handeln ihnen gegenüber an anderen, «objektiven» Kriterien ausrichten. Anders verhält es sich bei nichteinwilligungsfähigen Personen, die einmal einwilligungsfähig gewesen sind. Bei ihnen besteht die Pflicht, ihren (z. B. per Patientenverfügung) erklärten oder mutmasslichen Willen zu respektieren, insoweit er feststellbar ist.

Damit hängt alles davon ab, wie die *Voraussetzungen* näher spezifiziert werden, auf die sich Person-Sein gründet und welche für den Lebensvollzug von Personen gelten. Hier greifen nun die beiden oben formulierten Bedingungen. Die eine elementare Voraussetzung ist die *leib-psychische Natur* der Person, die andere ihre *Teilhabe an einem mit anderen Personen gemeinsamen Lebenszusammenhang*, dem sie ihre Individuierung als die Person, die sie ist, verdankt. Die Wahrung ihrer Integrität als Person muss folglich beides einschliessen: Die Wahrung ihrer leib-seelischen Integrität und den Respekt vor ihrer Individualität, wie sie sich innerhalb des Lebenszusammenhanges entfaltet, dem sie zugehört.

Damit rücken die beiden *Grundkriterien* in den Blick, denen die fremdnützige Forschung an nichteinwilligungsfähigen Personen unterliegen muss. Einerseits dürfen entsprechende Eingriffe die betroffene Person nicht gesundheitlich in ihrer leib-psychischen Verfassung gefährden. Andererseits müssen sie von der Zustimmung jener abhängig gemacht werden, die der betroffenen Person *als Person* verbunden sind und sie daher nicht nur in ihrer spezifischen *Individualität* im Blick haben, sondern auch – z. B. als Kinder oder als Eltern – in persönlichen Bindungen zu ihr stehen. Es ist wichtig zu sehen, dass das erste Kriterium, für sich genommen, nicht ausreichend ist. Der medizinische Forscher hat vor allem die leib-psychische Natur vor Augen. Er kann Sorge dafür tragen, dass dem ersten Kriterium Genüge getan wird. Aber auch wenn dies gewährleistet ist, kann die Integrität der betroffenen Person verletzt werden, und zwar dann, wenn sie unter dem Blickwinkel der Forschung auf ihre Natur reduziert und zum «Fall von etwas» wird – und nicht darüber hinaus als die Person im Blick behalten wird, die sie ist. Diesen Blick auf sie aber haben jene, die ihr als Person verbunden sind. Daher muss die fremdnützige Forschung an nichteinwilligungsfähigen Patienten strikt von der Zustimmung der Angehörigen bzw. nahestehender Personen abhängig gemacht werden. Wo es solch nahestehende Personen nicht gibt, muss solche Forschung unterbleiben. Ein bestellter Betreuer oder gesetzlicher Vertreter ohne persönliche Bindung an die betroffene Person kann die Funktion, um die es hier geht, nicht wahrnehmen. Die sehr weite Umschreibung des in Betracht kommenden Kreises von Zustimmungspflichtigen in der Bioethik-Konvention – «a representative or an authority or a person or body provided for by law» – muss daher als problematisch gelten. Der sicherste Weg wäre vermutlich, wenn die fremdnützige Forschung an nichteinwilligungsfähigen Personen von der Genehmigung unabhängiger Instanzen – z. B. klinikinterner Ethik-Kommissionen – abhängig gemacht würde, die die Pflicht haben, das Beziehungsumfeld der betroffenen Person abzuklären und die Zustimmung der nächststehenden Menschen einzuholen.

Was aber soll z. B. Eltern veranlassen, ihre Zustimmung zu fremdnütziger Forschung an ihrem kranken oder behinderten Kind zu geben? Vielleicht kann es darauf nur eine subjektive Antwort geben aus der Perspektive von jemandem, der aufgrund eigener Erfahrungen glaubt, sich in die Situation solcher Eltern hineinversetzen zu können. Aus dieser Perspektive ist es gut vorstellbar, dass Eltern ihre Zustimmung gerade aufgrund der Erfahrungen geben, die sie mit der Person ihres Kindes durchgestanden haben, dessen Leiden sie miterlebt haben und für das sie sich die Heilungs- oder Linderungschancen gewünscht hätten, die die betreffende Forschung eröffnen soll. Was sie für ihr Kind dankbar in Anspruch genommen hätten, wenn es aufgrund der Forschung an anderen Kindern zur Verfügung gestanden hätte, das möchten sie anderen ermöglichen. Wahrscheinlich ist es gerade das unmittelbare Erleben, was eine bestimmte Krankheit oder Behinderung für einen Menschen bedeutet, aus dem die Bereitschaft zu solcher Zustimmung erwächst. Wo immer es sich so verhält, wird man jedenfalls nicht den Vorwurf der Instrumentalisierung erheben können. Ein Eingriff zum Zweck fremdnütziger Forschung, der den *Leib* einer Person betrifft, ist nicht *per se* eine Instrumentalisierung dieser Person *als Person*. Damit, dass dem *Körper* Blut oder Gewebe entnommen wird als Mittel für die Forschung, wird nicht die *Person* zum Mittel gemacht. Eine Instrumentalisierung der Person als blosses Mittel zum Nutzen anderer wäre nur dann gegeben, wenn der Eingriff auf Kosten ihrer personalen Integrität geht, d. h. auf Kosten ihrer gesundheitlichen Verfassung und auf Kosten der Achtung vor ihr als der Person, als die sie in ihrem Lebenskontext individualisiert ist. Wo immer die Zustimmung von Eltern durch die Erfahrungen veranlasst ist, die sie mit ihrem eigenen kranken Kind durchgestanden haben, da ist solche Achtung gewährleistet und geradezu das Motiv ihrer Zustimmung.

Natürlich ist es auch denkbar, dass hinter der Zustimmung der Eltern allgemeine ethische Überlegungen stehen, angefangen bei dem für unseren Zusammenhang zentralen Gedanken, dass die Achtung der Integrität einer Person nicht nur die Wahrung, sondern auch die *Förderung* der Voraussetzungen ihres Lebensvollzugs umfasst – in diesem Fall durch medizinische Forschung zugunsten eines bestimmten Person*enkreises* –, bis hin zu dem utilitaristischen Gedanken, dass um der grossen Minderung des Leidens vieler eine kleine zusätzliche Belastung bei einem einzelnen Menschen ethisch vertretbar, wenn nicht gar geboten ist. Doch ist es von entscheidender Bedeutung, dass solche ethischen Prinzipien *niemals allein*, sondern immer nur in Verbindung mit der Rücksicht auf die betroffene Person – und auch der Eltern auf sich selbst in ihrer Beziehung zu dieser Person – massgebend sein können. Andernfalls bestünde die Gefahr einer ethischen Instrumentalisierung. Insbesondere kann es keine generelle ethische Pflicht für die Angehörigen nichteinwilligungsfähiger Personen geben, Forschung an ihnen zuzulassen.

Aufs Ganze gesehen wird man freilich bei der gegenwärtigen Diskussions- und Stimmungslage damit rechnen müssen, dass Angehörige eher dahin tendieren werden, ihre Einwilligung zu fremdnütziger Forschung zu verweigern. Dabei mögen vielerlei Faktoren eine Rolle spielen, das Gefühl der Verantwortung und Fürsorge für die anvertraute Person, Schuldgefühle, mangelndes Wissen hinsichtlich der Art und Schwere des medizinischen Eingriffs oder auch ein generelles Misstrauen gegenüber Ärzten und dem «Medizinsystem». In Reaktion hierauf mag es andererseits bei Ärzten und medizinischen Forschern die Tendenz geben, die strikte Bindung fremdnütziger Forschung – auch schon kleinster Eingriffe – an die Zustimmung der Angehörigen als Hemmschuh für die medizinische Forschung zu betrachten und ihr aus diesem Grunde mit Vorbehalten zu begegnen. Doch steht die Zustimmungspflicht nach dem jetzt erreichten Diskussionsstand – für den man sowohl auf die Stellungnahme der «Zentralen Kommission» bei der Bundesärztekammer als auch auf die sog. Bioethikkonvention des Europarates verweisen kann – wohl nicht mehr zur Debatte. Zur Debatte muss allerdings stehen, wie eng der Kreis derer zu ziehen ist, von deren Zustimmung die fremdnützige Forschung abhängig zu machen ist (s. o.).

Im Übrigen muss man wohl sehen, dass sich beides wechselseitig aufschaukelt: Wenn bei Angehörigen der Verdacht entsteht, dass Ärzte ohne ihr Wissen und ihre Einwilligung an ihnen nahestehenden Personen Eingriffe vornehmen zum Zwecke fremdnütziger Forschung, dann wird das Misstrauen umso grösser sein, umso strikter die Forderung nach Transparenz, umso geringer die Bereitschaft, in fremdnützige Forschung einzuwilligen. Fremdnützige Forschung an nichteinwilligungsfähigen Personen ist nur möglich, wenn es eine Gesprächskultur gibt zwischen Ärzten und Angehörigen, in der sich das notwendige Vertrauen bilden kann, und wenn dabei grösstmögliche Transparenz herrscht. Für die Entwicklung einer solchen Gesprächskultur und die Gewährleistung solcher Transparenz bedarf es geeigneter institutioneller Voraussetzungen wie Ethikkommissionen bzw. advisory boards. Die diesbezüglichen Erfahrungen der zurückliegenden Jahre zeigen, dass der zusätzliche Aufwand, der für die Herstellung von Transparenz im Medizinbereich notwendig ist, sich in vertretbaren Grenzen hält und dass er sich auszahlt.

Das Fazit aus diesen Überlegungen ist, dass ein generelles Verbot fremdnütziger Forschung an nichteinwilligungsfähigen Personen nicht zu rechtfertigen ist, und ebenso wenig die exklusive Bindung an das Kriterium eines tatsächlichen oder mutmasslichen Willens. Für willensfähige Personen wird niemand einen solchen Zusammenhang bestreiten. Im Hinblick auf Personen hingegen, die nie in ihrem Leben willens- bzw. einwilligungsfähig waren, wirft eine solche Gleichsetzung die Frage auf, in welchem Sinne in bezug auf sie überhaupt von «Achtung ihrer Würde» gesprochen werden kann und inwiefern sie in ihrer Würde überhaupt verletzt werden können.

Man kann zugunsten dieses Fazits noch eine Gerechtigkeitsüberlegung ins Feld führen. Die Figur dieser Überlegung ist innerhalb der Ethik bekannt als Urwahl unter dem Schleier des Nichtwissens. Um gerecht zu urteilen, müssen wir einen unparteilichen Standpunkt einnehmen. Eben dies können wir tun, indem wir eine Entscheidungssituation fingieren, in der wir nicht wissen, welchen Platz wir in einer Gesellschaft einnehmen werden: ob wir zu den Begüterten gehören oder zu den wenig Begüterten, zum männlichen oder weiblichen Teil der Bevölkerung, zu den Gesunden oder zu den Kranken und Behinderten. Wie würden wir uns im Blick auf das Problem der fremdnützigen Forschung entscheiden in Anbetracht der Perspektive, dass wir möglicherweise selbst zu einer Patientengruppe gehören könnten, die einwilligungsunfähig ist, deren Situation aber durch geringfügig belastende medizinische Forschung wesentlich verbessert werden könnte, wobei wir möglicherweise nur Forschungsobjekt ohne eigenen Nutzen, möglicherweise aber Nutzniesser dieser Forschung sind? Es ist zu vermuten, dass die meisten angesichts dieser Perspektive dazu tendieren, die fremdnützige Forschung an Einwilligungsunfähigen zu befürworten.

Einleitend wurden die beiden Motive genannt, die in der deutschen Diskussion im Verbund miteinander hinter der Forderung nach einem Verbot fremdnütziger Forschung stehen. Das eine sind die Erfahrungen aus der Zeit des Nationalsozialismus. Das andere ist der Rang, welcher dem Willen des Patienten als *notwendiger Bedingung* ärztlichen Handelns eingeräumt wird. Was das Erste betrifft, so sollte aus dem Ausgeführten deutlich geworden sein, dass sich die Forschung an nichteinwilligungsfähigen Personen an klare – noch weiter spezifizierbare – Kriterien binden lässt, welche jeden Rückfall in die Barbarei der NS-Medizin zu verhindern geeignet sind. Die menschenverachtende Forschung der NS-Medizin hat weder auf die Gesundheit der Betroffenen noch auf eine etwaige Zustimmung von Angehörigen Rücksicht genommen. Was das Zweite betrifft, so ist es offensichtlich, dass die Integrität einer Person nur im Hinblick auf solche Eigenschaften verletzt werden kann, über die sie tatsächlich verfügt und auf deren Grundlage sich ihre Existenz als Person vollzieht. Wenn die Fähigkeit zu eigener Willensbestimmung und einem selbstbestimmten Leben dazu nicht gehört, dann kann sie diesbezüglich in ihrer Integrität auch nicht verletzt werden. Wobei allerdings zu beachten ist, dass die blosse Alternative zwischen Einwilligungsfähigkeit und Nicht-Einwilligungsfähigkeit zu grob ist. Es gibt ein breites Spektrum von Abstufungen dazwischen. Auch Kinder, die nicht als in vollem Sinne einwilligungsfähig gelten, können einen Willen äussern, und selbstverständlich ist es ein ethisches Gebot, auch Kinder vor medizinischen Eingriffen im Rahmen ihrer Verstehensmöglichkeiten aufzuklären über das, was mit ihnen geschehen wird, und nach Möglichkeit ihre Zustimmung einzuholen.[7] Auch der physische Widerstand von dementen Personen kommt einer Willensäusserung gleich, die zu respektieren ist. Konsens sollte in jedem Fall darüber bestehen, dass die Forschung an nichteinwilligungsfähigen Personen niemals unter physischem oder psychischem Zwang geschehen darf.

Letztlich geht es beim Streit um den medizinethischen Status nichteinwilligungsfähiger Personen um die Alternative zwischen zwei Auffassungen des Menschen. Die eine orientiert sich am Bild des sich autonom über seinen *Willen* bestimmenden *Einzelnen*, dessen Selbstbestimmung unbedingten Respekt erheischt. In diesem Bild sind demente, apallische oder komatöse Menschen nicht wiederzuerkennen. Die andere orientiert sich am Bild des Menschen als einer Person, deren Personsein *relational* in der Teilhabe an einer *Gemeinschaft* von Personen begründet ist. In diesem Bild lassen sich auch nichteinwilligungsfähige Personen wiederfinden. Die erste Auffassung stellt die Medizinethik vor die Alternative von Verfügen und Nichtverfügen: Überall da, wo nicht einem erklärten oder mutmasslichen Willen eines Menschen entsprochen wird, wird unzulässig über ihn verfügt. Die zweite Auffassung vermeidet diese Alternative. An ihre Stelle tritt der Respekt vor den tatsächlichen Voraussetzungen, die einer Person für ihren Lebensvollzug mitgegeben sind, sowie der Wille, diese Voraussetzungen nach Möglichkeit mit medizinischen Mitteln zu verbessern, was Forschungen notwendig machen kann, von deren Ergebnissen die betroffene Person selbst möglicherweise nicht wird profitieren können.

---

7 So auch die Convention on Human Rights and Biomedicine in Artikel 6, Paragraph 2.